Michael Böwer

Gemeinwohl und Nächstenliebe

Michael Böwer

Gemeinwohl und Nächstenliebe

PionierInnen Sozialer Arbeit
in Westfalen-Lippe

22 Porträts

BONIFATIUS

Bibliografische Information der Deutschen Nationalbibliothek:
Die Deutsche Nationalbibliothek verzeichnet diese Publikation in der Deutschen Nationalbibliografie; detaillierte bibliografische Daten sind im Internet über http://dnb.d-nb.de abrufbar.

Klimaneutrale Produktion.
Gedruckt auf umweltfreundlichem, chlorfrei gebleichtem Papier.

MIX
Papier | Fördert gute Waldnutzung
FSC® C083411

Der Druck dieser Publikation wurde großzügig unterstützt durch den Diözesan-Caritasverband Paderborn e.V.

Umschlaggestaltung: Melanie Schmidt, Bonifatius GmbH Paderborn
Grafik: BeautyStock - stock.adobe.com
Satz: Bonifatius GmbH, Paderborn
Druck und Bindung: CPI books GmbH, Leck
Printed in Germany

ISBN 978-3-98790-062-4

Weitere Informationen zum Verlag:
www.bonifatius-verlag.de

Inhalt

„Mit Liebe und Festigkeit zu frommen
und rechtschaffenen Menschen,
friedlich duldsamen Bürgern, treuen Genossen
des Staates und tüchtigen Arbeitern,
dem gemeinen Wohl zur Förderung und Gott zu Ehren."
(Statut des Jüdischen Waisenhauses für die Provinzen Rheinland
und Westfalen: Stadtarchiv Paderborn A 141)

Editorial – 250 Jahre Soziale Innovationen und Soziale Arbeit in Westfalen-Lippe

Westfalen-Lippe kann heute auf 254 Jahre Soziale Innovationen und Soziale Arbeit zurückblicken: Zum Jahresende, genauer: im November, des Jahres 1770 nahm das von-der-Lipp'sche Waisenhaus in Paderborn die ersten sechs Waisenkinder auf. Vierundvierzig Jahre später (1814) wandte man sich in Marsberg der Behandlung psychisch erkrankter Menschen zu und gründete ein Landeshospital. Vor einhundertdreiundsechzig Jahren, am 21.05.1861, ergaben sich mit der Grundsteinlegung zum Jüdischen Waisenhaus Verbindungen in die Stadt, ins Rheinland und bis Frankfurt am Main. Sechs Jahre später wandte man sich im „Haus Gottes" (Bethel) epilepsiekranken Jungen und Männern zu und weitere fünfzehn Jahre später entstand dort in Bielefeld eine Arbeiterkolonie für wohnungslose Wanderarbeiter.

1904 begann man im sauerländischen Bigge pionierhaft berufliche Bildung für sogenannte „Krüppel“. Im Bürener Hotel Ackfeld traf man 1911 zum ersten Jugendpflegekongress zusammen. Bereits elf Jahre zuvor hatten Frauen mit der Schulung ehrenamtlich Tätiger im katholischen Fürsorgeverein in Dortmund begonnen und ließen kurz darauf erste Wohlfahrtsschulen entstehen. Hunderte Kinder gab man schon seit 1894 im Bistum in institutionalisierte Familienpflege. Dreißig Jahre später entstand in der Provinzialverwaltung Westfalens ein Landesjugendamt. Die 1930er-Jahre brachten Suchtkrankenfürsorge, aber auch NS-Repression. 1945 ging es weiter, man fing neu an, griff dabei auf die „20er-Jahre“ zurück. Es galt Wohnungsnot zu lindern, Straffällige „einzugliedern“, sich (wieder) „gefährdeter Jugend“ zuzuwenden. Nicht nur an Universitäten und an Fachhochschulen – wie damals vor 50 Jahren an der Katholischen Fachhochschule (KFH) in Paderborn – las man und trug vor: So gab, 430 Seiten stark, die Psychiatrie-Enquête 1973 neue Anstöße zur Sozialpsychiatrie.

Viele Daten – doch wer stand wie dahinter?

Mit dem vorliegenden Buch wird erstmals überhaupt ein Überblick zur Entstehung und Entwicklung von Wohlfahrtspflege in Westfalen-Lippe gegeben. Gezeigt wird, welche Menschen, Werte und Ziele jeweils dahinterstanden. Über ein Zeitfenster von mehr als 250 Jahren rückblickend, werden in den Gründungen der 1770er bis 1980er-Jahre die soziale Lage vor Ort sowie gesellschaftliche und politische Bedingungen offenbar, die soziale Hilfe für Gemeinwohl und Nächstenliebe nötig machten und ermöglichten.

Porträtiert werden 22 Persönlichkeiten: Fürstin Pauline zur Lippe, die die „Pariser Mode“ der Kleinkinderbewahranstalten verbreitete; Agnes Neuhaus, die um 1900 Hilfen für „gefallene Mädchen“ schuf; Christian Bartels, der sich karitativ gefährdeten Kindern in Familienpflege zuwandte; Konrad Beckhaus im Höxteraner Rettungshaus als Impulsgeber zum Paderborner Johannisstift; Fanny Nathan mit dem Jüdischen Waisenhaus für die ehedem preußischen Provinzen Rheinland und Westfalen oder Ellen Scheuner, die als Münsteraner Landesrätin in der NS-Zeit bis in die 1960er-Jahre repressive Fürsorgeerziehung organisierte; und andere mehr.

Sie werden als Pionier:innen bezeichnet, da sie mit ihrem Gründer:innentum vielfältig Neuland beschritten: in der Anlage ihrer Hilfen, ihrem persönlichen Wirken und ihrem sozialgesellschaftlichen Engagement in ihrer Zeit (vgl. Berger 2018, Maier 1998). Manche dieser Pionier:innen sind darüber hinaus kulturgeschichtlich relevant: Waisenhausstifter Lothar von der Lippe erhielt durch den Umbau zu einem Weinlokal und Café die Heiersburg am Paderborner Maspernplatz, Pastor Beckhaus war renommierter Mykologiker und Schmetterlingskundler und die promovierten Bürener Landräte Alois Vogels und Viktor Freiherr von Solemacher-Antweiler machten sich um den Erhalt und Ausbau der Wewelsburg bis hin in die NS- und Nachkriegszeit verdient. Wie der Paderborner Oberbürgermeister Otto Plassmann, seinerseits vielfältiger Innovator, repräsentieren sie die politische Strukturbildung staatlicher Daseinsvorsorge im Miteinander mit freiverbandlichen Akteur:innen und stellen eine kommunale Apparatur öffentlicher Hilfe bereit (vgl. Vogel 1966).

Fast alle Pionier:innen zeichnen sich durch überregionale und auch – wie man heute sagen würde – transnationale Vernetzung aus. Deutlich werden neben den Leitmotiven und Konzepten vielfältige sozialstrukturelle, gesellschaftliche und rechtliche Zusammenhänge. Sichtbar wird: Viele der Pionier:innen haben einander gekannt, brachten neue Impulse auch aus dem Ausland nach Westfalen-Lippe und trugen Neuentwicklungen hinaus. Friedrich von Bodelschwingh, geboren in Tecklenburg, kam aus Paris nach Bielefeld; der in Sundern im Sauerland geborene Konrad Hansknecht brachte seine Mitbrüder aus der Schweiz nach Klausheide bei Hövelhof; die spätere Suchtkrankenhilfepionierin Elisabeth Feith kam mit ihrer Familie von Köln nach Paderborn und den Anthroposophen Siegfried Pickert zog es aus Jena nach Hamborn. Die Paderborner Professorinnen Margareta Breuer und Edeltraud Lukoschek waren selbst heimatvertrieben und fachlich international rückgebunden.

Alle haben Bündnisse geknüpft und viele waren – wie bei Agnes Neuhaus, Elisabeth Zillken und Elfriede Eilers zu sehen – im Zuge der ersten Frauenbewegung als Stadträtin, Reichstags- und Bundestagsabgeordnete selbst politisch engagiert. Politische Rahmenbedingungen haben ihnen Soziale Innovationen ermöglicht – und sie haben selbst Soziale Innovationen, das heißt politische Strukturen, fachliche Regularien vor Ort und Gesetze deutschlandweit mitgeformt. Als Pionier:innen prägten sie und andere Westfalen-Lippe und weit darüber hinaus.

Sie kamen nicht immer aus wohlsituierten oder gar reichen Elternhäusern und sie wussten oft aus persönlichem Erleben, was Behinderung, Schicksalsschläge und soziale Not bedeuten. Gesellschaftliche Herausforderungen, der Bedarf nach sozialer Unterstützung und der Reformbedarf in Institutionen des Sozial-, Bildungs- und Gesundheitswesens brachten ihre Innovationen hervor. Dafür stehen gerade auch die Gründer:innen in den

Nachweltkriegszeiten Westfalen-Lippes: Siegfried Pickert, Elisabeth Feith, Reinhard Kersting, Karl Heinz Koch, Margareta Breuer, Edeltraud Lukoschek und Johannes Tack. Ihre Erfolge – unser heutiger Sozialstaat, soziale Einrichtungen, Ausbildungsstätten, Verbände und Sozialadministration – fielen nicht vom Himmel. Aus ihren Familien und ihrem Umfeld heraus erarbeiteten sie sich selbst ihren Raum – für andere, für unsere Gesellschaft. Dies findet sich eindrucksvoll etwa bei Fanny Nathan, Julius Wilhelm Ruer, Christian Bartels und Karl Heinz Koch. An deren Beispielen wird sichtbar: Wohlfahrtspflege in Westfalen-Lippe hat jüdische wie christliche Wurzeln.

Kurz wird in jedem Profil der Bogen zum Heute gespannt: Aus den Anfängen sind heute relevante Sozialunternehmen und Behörden geworden. Sie waren damals und sind heute prominente Repräsentant:innen Westfalen-Lippes: Bethel kennt man weit über Deutschland hinaus, Caritas und Diakonie sind die größten Arbeitgeber Deutschlands. Josefs-Gesellschaften gibt es überall im Lande – Heinrich Sommer als ihr Begründer ziert heute das Logo der Inklusionsbrauerei. Der Landschaftsverband Westfalen-Lippe (LWL) ist der große Komplettanbieter sozialer Dienste, fast ein Marktführer, jedenfalls eine Marke wie Oetker oder Miele. Westfalen-Lippe ist geprägt von mittelständischen Unternehmen – darunter viele, die wir hier vorstellen. Sozialpolitiker:innen, Wohlfahrt-Wissen-Schaffende und karitativ orientierte Sozialunternehmer:innen in Westfalen-Lippe haben dieses Land geprägt. Und sie tun es heute, jeden Tag neu. Gemeinsame Chiffre ihrer Werke ist soziale Hilfe für das Gemeinwohl und organisierte karitative Nächstenliebe – wie es im eingangs zitierten Statut des Jüdischen Waisenhauses (bewusst patriotisch) sichtbar wird.

Die vorliegende Publikation geht zurück auf ein mehrjähriges Projekt des Autors am Fachbereich Sozialwesen der Katholischen Hochschule Nordrhein-Westfalen, Abteilung Paderborn. Studierende des jeweiligen vierten Studiensemesters setzten sich im Zusammenhang mit ihrer Vorlesung zur globalen, europäischen und nationalen Geschichte Sozialer Arbeit in selbst organisierten Arbeitsgruppen mit der spezifischen Geschichte einzelner Sozialer Dienste, Verbände und Vereine ihrer Heimatregion und ihres Heimatortes oder aber in ihrer Praxiseinrichtung in Westfalen-Lippe auseinander. Sie recherchierten unterstützt durch Praxiskooperationspartner:innen und den Autor als ihren Professor in lokalen Archiven, sprachen mit Einrichtungsvertreter:innen und mit Pionier:innen der Nachkriegszeit und ihren Wegbegleiter:innen. Dieses wurde durch Mittel des Bundesforschungsministeriums und der Länder im Wege des Programms „Innovative Hochschule" sowie durch die im Programm „FH-Personal" geförderte Schwerpunktprofessur „Soziale Innovationen in Kinderschutz und Kinder- und Jugendhilfe" des Autors unterstützt und final ermöglicht.

Ausgehend von projektbasiertem Lernen im Praxisfeld wird die Herausbildung professioneller sozialer Hilfe erstmals im Überblick herausgearbeitet. Es treten Menschen und Details hervor, die ohne dieses Buch kaum sichtbar, zuweilen fast vergessen waren. Und es sind persönliche Lebenswege mit manchen Wendungen, Brüchen, Verfehlungen und Fragwürdigkeiten, die beschrieben werden und die Sozialer Arbeit gestern, heute und morgen ein Gesicht geben. Nicht immer ist dieses Bild ein schönes, edles, held:innenhaftes – Kalküle der Ökonomik, der Repression, des Antisemitismus, des Rassismus und der Gewalt treten dabei hervor. In unseren Gesprächen, Recherchen und Kontakten kamen Aspekte zutage, die manche Begründer:innen heute in anderem

Licht erscheinen lassen. Es kamen auch kritische und problembelastete Phasen in der Organisation und im Hilfesystem in der NS-Zeit und Shoah, Gewalt und Repression gegenüber hilfesuchenden Adressat:innen in der Vergangenheit zur Sprache. Hier ist noch viel Aufarbeitung durch Institutionen und Verantwortungsträger:innen, Historiker:innen und Wissenschaftler:innen Sozialer Arbeit zu leisten. Viele Akten, hieß es in den Archiven, die wir aufsuchten, seien noch da: Es braucht daher Bereitschaft und Aufträge, es anzugehen. Denn es geht letztlich immer darum: aus Geschichte zu lernen und Konzepte wie soziales Handeln zu verbessern, während man für wieder andere heute und deren nächste Generation (Hilfe-)Geschichte schreibt.

Nicht in alle Facetten konnten wir hineinleuchten. Das lag auch an Zeitfenstern, die uns gesetzt waren, aber auch an flüchtigen Aufmerksamkeiten, denen folgend wir anderswohin nachjagten, wie der Wahlwestfale Niklas Luhmann es einmal so treffend sagte. Manches blieb knapp und musste es sein, da wir um eine Profildarstellung bemüht waren, die vom Pionier und von der Pionierin selbst ausgehen sollte. Auf Tiefe und Relevanz regionalgeschichtlicher und einzelinstitutionsbezogener Arbeiten haben wir im Registerteil zur näheren Betrachtung jeweils hingewiesen.

Vieles, was hier dargestellt wird, ist bei aller Mühe, die darinnen steckt, unvollständig und auf weitere kritische Hinweise und manche Korrekturen angewiesen. So standen die weit früher aufgekommenen Armen- und Arbeitshäuser, aber auch Strafanstalten nicht im Blick. Kindheitspädagogische, reformpädagogische (Jugend-)Bildungsinstitutionen fehlen oder müssten zu Begründer:innen weiter recherchiert werden. Die Suche nach und die Auswertung von Fürsorgeakten wäre aufschlussreich, um das Handeln der Fachkräfte und anderer Verantwortlicher in ihrer Zeit zu betrachten. Die Sicht der Adressat:innen selbst kommt in diesem Buch nicht zur Sprache. Dabei hätten ehemalige Heimkinder gewiss einiges über erlittenes Unrecht und erfahrene Hilfe zu berichten. Zuweilen schien uns im zugänglichen Material das genuine Moment *sozialer* Hilfe nicht differenziert genug herausgearbeitet: So fokussieren die Chronist:innen zu Pauline von Mallinckrodt deren Wirken in der von ihr begründeten Kongregation statt des *Frauenvereins zur Hilfe der armen Kranken in den Häusern* (siehe dazu Archivakten Stadtarchiv Paderborn ab 1839, Sign. A2117). Andere hier gebürtige Pionier:innen, wie die Hohenlimburgerin Gertrud Bäumer, deren Name bis heute in keinem Klassiker zur Sozialpädagogik fehlt, wirkten außerhalb Westfalen-Lippes.

Die vorliegende Darstellung bezieht sich auf die heutigen nordrhein-westfälischen Landesteile Westfalen und Lippe, die über den größeren Teil der hier erfassten Zeitspanne königlich-preußische Provinz Westfalen und staatlich eigenständiges Fürstentum Lippe waren. In der zugrundeliegenden Projektierung wurde anfangs regionsbezogen Ostwestfalen-Lippe fokussiert, daher die hier im Titel fortgeführte Bindestrichschreibung.

Im Folgenden werden auf Basis des Projektes 22 Pionier:innen portraitiert. Mehr über die Beteiligten des Projektes erfahren Sie im Anschluss in der Danksagung. Die zugrundeliegende Literatur einschließlich bildrechtlicher Angaben, weiterführende Hinweise und ein Orts- und Personenregister finden Sie im Anhang. Als Autor freue ich mich über Ihre Rückmeldungen, Anregungen und weiterführende Hinweise!

Bremerhaven, im Sommer 2024
Prof. Dr. Michael Böwer

Anton Lothar von der Lippe

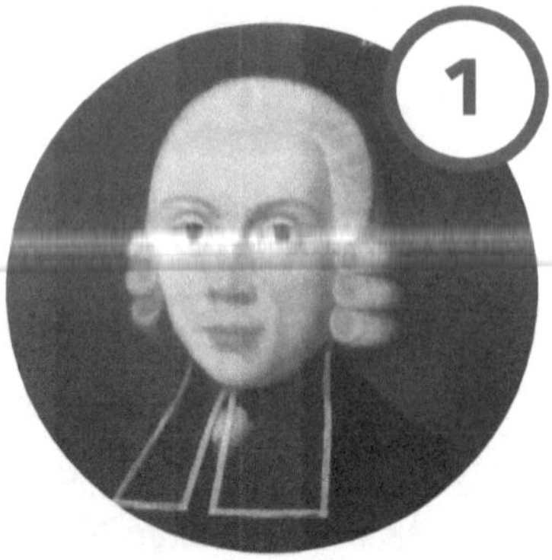

1769 Von-der-Lippe'sches Waisenhaus

Anton Lothar von der Lippe wurde 1644 geboren und ist am 06.08.1699 gestorben. Er stammt aus der älteren Linie der Familie, ansässig in Vinsebeck (heute Stadtteil von Steinheim im Kreis Höxter). Er war Amtmann (Drost) in Beverungen, über dreißig Jahre Kanoniker am Hohen Dom in Paderborn und Verwaltungsbeamter des Domkapitels.

1692 kaufte Anton Lothar die Heiersburg am heutigen Maspernplatz, ließ den noch heute erhaltenen Turm restaurieren und baute die Burg zu einem Weinlokal und Kaffeehaus um. In seinem Testament verfügte er, dass sein Nachlass der Errichtung eines Waisenhauses zukommen solle, sobald es in seiner Adelslinie keine männlichen Nachkommen mehr gäbe. Die Aufsicht über das Waisenhaus solle das Domkapitel und sein dann amtierender Nachfolger übernehmen. Man nimmt an, dass Anton Lothar zeitlebens an einer Lungenschwäche litt, was der Grund für seine mildtätige Stiftung sein könnte. Eine Grabplatte im östlichen Teil des Kreuzgangs des Paderborner Domes erinnert an den Domherren.

Als sein Nachfahre, Moritz Anton von der Lippe, am 20.04.1767 starb, wurde der Wunsch des Testators auf Betreiben des Domkapitels umgesetzt. Fürstbischof Wilhelm Anton von der Asseburg (*1707, †1782) eröffnete 1769 im „Marianerhaus“ in der Liboristraße das zunächst nach Anton Lothar benannte Waisenhaus; ein „Reglement“ wurde 1770 erlassen.

Kaplan Becker übernahm die erste Leitung. Im November 1770 wurden die ersten sechs Waisenkinder aufgenommen. Aus baulichen Gründen erwarb man 1781 ein zum Kloster Böddeken gehörendes Gebäude an der Kasseler Straße und zog dort ein. Vor dem Haus waren zwei Spielplätze vorzufinden, einer für die Jungen und der andere für die Mädchen. Fünfzig Jahre später lebten fünfundzwanzig Kinder im Waisenhaus, dessen Gelder vom Generalvikariat verwaltet wurden und dem ein „Inspektor“ vorstand. Zudem gab es einen Lehrer, einen „Waisenvater“ oder Knecht, eine „Waisenmutter“ oder Haushälterin und zwei Mägde.

1860 übernahmen die Barmherzigen Schwestern vom heiligen Vincenz von Paul deren Aufgaben. Im August 1882 bezog man, nach zahlreichen Beschwerden über den Zustand der bisherigen Gebäude, einen Neubau, der einhundert Kinder aufnehmen konnte. 1934 kam es zu einem Neubau am heutigen Standort, dem Bonifatiusweg 5.

Wohltätiger Stifter, Fachtermini „Inspektor“ & „Waisenhausvater/-mutter“, kath. Waisenhaus

Auch im katholischen Waisenhaus, heute bekannt unter dem Namen „Erzbischöfliches Kinderheim“, kam es zu Repression und Gewalt, wie ehemalige Heimkinder berichten. 2006 übernahm die heutige Jugendhilfe im Erzbistum Paderborn gGmbH die rechtliche und fachliche Trägerschaft; die Von-der-

Lippe'sche-Waisenhausstiftung besteht bis heute. Vom Erzbischöflichen Kinderheim, das seit 2021 den Namen „Bonny5" trägt, werden in unterschiedlichen Hilfe- und Betreuungsformen rund einhundert Kinder, Jugendliche, Mütter und Väter begleitet. Davon werden rund fünfundzwanzig Kinder teilstationär in Tagesgruppen betreut. Es besteht eine Mutter-/Vater-Kind-Einrichtung auf dem Gelände und eine Außenwohngruppe im Paderborner Stadtteil Auf der Lieth.

Weiterführender Weblink:
www.bonny5.de

Pauline zur Lippe

1802 Aufbewahrungs-Anstalt für kleine Kinder

Pauline Christine Wilhelmine zur Lippe wurde am 23.02.1769 als Prinzessin von Anhalt-Bernburg in Ballenstedt (Harz) geboren. Sie war ab 1796 Fürstin zur Lippe und von 1802 bis 1820 Regentin des Fürstentums Lippe. Als Prinzessin von Anhalt-Bernburg erfuhr sie eine ungewöhnlich gute Bildung in Sprachen und Staatswissenschaften.

Schon als Dreizehnjährige unterstützte sie ihren Vater bei den Staatsgeschäften. Sie heiratete Wilhelm Leopold I. Fürst zur Lippe (*1767, †1802) und übernahm nach dessen Tod für nahezu zwanzig Jahre die Regentschaft des Fürstentums Lippe für ihren noch unmündigen Sohn – eine Besonderheit für eine Frau ihrer Zeit.

Sie legte besonderes Gewicht auf die Außenpolitik: Es gelang ihr, auch aufgrund ihrer hervorragenden Sprachkenntnisse, in die Männerdomäne einzudringen und in persönlicher Begegnung mit Napoleon Bonaparte die Eigenständigkeit des kleinen Fürstentums zu wahren. Der Historiker Heinrich von Treitschke bezeichnete Pauline als eine der geistreichsten Frauen ihrer Zeit (ebd. zit. n. Kittel 1970).

Besondere Bedeutung erlangte ihr soziales Engagement, durch das sie weit über die Grenzen Lippes in Erinnerung blieb: Sie gründete 1802 die erste „Aufbewahrungs-Anstalt für kleine Kinder“ in Deutschland, stieß damit auf großes Interesse im In- und Ausland und warb für deren Unterstützung mit einem Rundschreiben unter dem Titel „Vorschlag eine Pariser Mode nach Detmold zu verpflanzen“. Wie Pauline dort berichtet, hatte sie aus einem Journal erfahren, dass Madame Josephine Bonaparte, die Frau des Kaisers Napoleon, und „mehrere zierliche und vornehme Damen“ in den Pariser Armenvierteln „Depots oder Säle“ auswählten, „wo die zarten Kleinen armer, mit auswärtiger Arbeit beschäftigter Mütter einstweilen genährt, verpflegt, versorgt werden“ (Pauline zit. n. Meyer 1901, S. 33, zit. n. Berger 2015) sollten. Pauline schrieb wörtlich:

Errichtung der ersten Kinderbewahranstalt in Deutschland, geschulte „Kinderwärterinnen“

> *„Jede arme Mutter wird dort tags vorher ihre Absicht anzeigen, und dann am folgenden Morgen, ehe ihre auswärtige Arbeit begänne, ihre Kinder mit Ruhe und Vertrauen hinbringen, und am Abende wieder abholen. Die Kleinen verlebten, verspielten ihren Tag unter steter Aufsicht, aber ohne Zwang, wenn das Wetter schön wäre im Garten, sonst im noch nicht gebrauchten Saal des Krankenhauses. Sie würden bei ihrem Eintritte gewaschen, gesäubert, und wann ihr Bedürfnis es heischte, für die Zeit des Dortseins mit dazu vorrätigen im Waisenhause, in der Erwerbsschule gefertigten Kittelchen und reiner Wäsche versehn, bekleidet, überhaupt genährt, getragen, gepflegt; ihnen würden vorzüglich Milchspeisen zu teil, und wir sännen auf ihrem Alter angemessene Beschäfti-*

gung. Man erführe dadurch genau ihr Alter, und ihr bisheriges, leider oft zu spätes Schulgehen würde vermieden. Zu Wärterinnen wählten wir die älteren Töchter des Waisenhauses und der Erwerbsschule, in der Periode der herannahenden Konfirmation und Entlassung aus der Pflegeanstalt, um sie sodann auch praktisch zu Kinderwärterinnen zu bilden. Die wirklich treue Aufseherin der Waisenmädchen übernähme auch diese Inspektion, und alles übrige folgte so leicht, so natürlich als anspruchslos von Selbst, wenn die Anstalt nur erst begonnen ist. Mir dünkt, es wäre jedem Bewohner, besonders jeder Bewohnerin Detmolds, ein angenehmer Gedanke, einer recht bangen Sorge manches guten, braven Weibes dadurch begegnet zu sehen, einen Ort zu wissen, bisweilen zu besuchen, wo der Versammlungsplatz, die Zuflucht der kleinen verlassenen Hilflosen ist." (Pauline zur Lippe, zit. n. Meyer 1901, S. 34 f., zit. n. Berger 2015).

Die Detmolder „Aufbewahrungs-Anstalt für kleine Kinder" wurde vor allem durch die 1805 erschienene „Kurze Erziehungslehre" von Christian Heinrich Wolke berühmt. Dieser hob das Beispiel der fürstlichen Gründung hervor, um damit seinem eigenen Plan Nachdruck zu verleihen, flächendeckend „Bewahr- und Vorbereitungsanstalten für junge Kinder beiderlei Geschlechts, während drei bis vier Jahre vor ihrem Eintritt in die Schule" (Prieur 2003, S. 90) einzurichten, der inhaltlich deutlich über den Charakter reiner Aufbewahrungsanstalten hinausging. Pauline zur Lippe starb am 29.12.1820 in Detmold.

Neben der von ihr errichteten „Erwerbsschule" (1799), eines Krankenhauses (1801) und des „Freiwilligen Arbeitshauses" (1802) sowie des zuvor bestehenden Waisenhauses und des Lehrerseminars als soziale Innovationen in Lippe bildet die Bewahranstalt die Basis der bis heute in Detmold bestehenden Fürstin-Pauline-Stiftung. Unter deren Dach bestehen heute vielfältige und differenzierte Angebote der Altenhilfe, der Kinder- und Jugendhilfe, der Kindertageserziehung und der Betreuung im Offenen Ganztag – in Detmold, Bad Salzuflen und Lemgo.

Weiterführender Weblink:
www.fuerstin-pauline-stiftung.de

3

Julius Wilhelm Ruer

1814 Landeshospital Marsberg

Julius Wilhelm Ruer wurde am 30.05.1784 in Meschede als Herz Israel Ruer geboren. Ruer stammte aus einer jüdischen Familie. Sein Vater war promovierter Mediziner in eigener Praxis in Meschede und ab 1791 als Hofarzt beim Kölner Erzbischof und Kurfürsten Maximilian Franz von Österreich tätig. Julius Wilhelm Ruer promovierte 1806 zum Dr. med. und praktizierte in Neheim und ab 1812 in Meschede. Er war Mitglied der Freimaurerloge „Zum hellflammenden Schwerdt“ in Paderborn. Auch sein Bruder David und sein Neffe Hermann waren promovierte Mediziner und führten die Praxis in Meschede weiter, bis letzterer Knappschaftsarzt und Klinikdirektor im Bergbaukrankenhaus Ramsbeck im Hochsauerland wurde.

Später zog die Familie nach Münster. Die Großneffen Julius Wilhelms sind der Aachener Chemieprofessor Rudolf Ruer (†1938) und der Bochumer Oberbürgermeister Otto Ruer (†1933).

Am 10. November 1814 wurde im zuvor säkularisierten Kapuzinerkloster Marsberg auf Beschluss der großherzoglich-hessischen Regierung mit Sitz in Arnsberg ein Landeshospital eröffnet und Dr. Julius Wilhelm Ruer wurde mit der Leitung der Klinik beauftragt. Unter dem von ihm erhaltenen Bild ist der Titel „Sanitätsrat" notiert.

Angestoßen von der schlechten Versorgungsstruktur für psychisch kranke Menschen in der Provinz Westfalen hatte sich das großherzoglich-hessische Kirchen- und Schulamt zu Arnsberg mit maßgeblicher Unterstützung von Dr. Johannes Stoll (*1769, †1848), Medizinalrat zu Arnsberg, für das Vorhaben einer Klinikgründung eingesetzt. Die Kosten für die Umgestaltung wurden von Wohltätigkeits- und Lokalarmenfonds, Beiträgen der Amtskassen und vermögender Kranker sowie freiwilligen Stiftungen und Vermächtnissen getragen.

Die „Irren- und Krankenanstalt", wie man damals sagte, war eine der ersten psychiatrischen Einrichtungen im damaligen Deutschland, die sich neben der Versorgung auch mit der Heilung der psychisch erkrankten Patienten auseinandersetzte; daher auch der offizielle Name „Landeshospital".

Zum Zeitpunkt der Eröffnung wurden siebzehn Kranke aufgenommen, darunter auch ein Pater des ehemaligen Klosters. Die Behandlung erfolgte dabei individuell und ohne Zwangsmittel als Arbeitstherapie auf Feldern und in Werkstätten. Daneben wurde Wert gelegt auf Feste und Freizeit. Die Dienstordnung von 1814 sah die Unterbringung in kleinen Abteilungen je nach Erkrankungen, eine liebevolle Behandlung, tägliche Visite und klinisches Tagebuch durch den Direktor, den bedachten Einsatz von Medikamenten sowie die Schulung der Krankenwärter:innen vor.

Gründungsdirektor und zunächst einziger Arzt im Landeshospital in Marsberg, Dienstordnung mit Fachstandards, Heilung neben Versorgung psychisch kranker Menschen

Dr. Julius Wilhelm Ruer wird als engagierter und den Patienten individuell zugewandter Direktor beschrieben. Neben seiner Tätigkeit im Landeshospital begleitete Ruer die Herausgabe einer psychiatrischen Fachzeitschrift, verfasste die „Irrenstatistik der königlich preußischen Provinz Westfalen“ und rief 1827 gemeinsam mit dem Bonner Medizinprofessor Dr. Joseph Ennemoser (*1787, †1854) in einer Denkschrift zur Gründung eines Vereins zur Verbesserung der praktischen Seelenkunde auf – dem Vorläufer der heutigen Deutschen Gesellschaft für Psychiatrie und Psychotherapie, Psychosomatik und Nervenheilkunde.

Dr. Julius Wilhelm Ruer leitete das Landeshospital 36 Jahre lang, er wurde 1850 im Alter von 66 Jahren pensioniert und war danach noch Anstaltsleiter in Düsseldorf und Hamm. Bis dahin stiegen die Patient:innenzahlen des Hospitals stetig. 1850, im Jahr der Pensionierung Ruers, kam es zu „gänzlicher Überbelegung“ (vgl. LWL 2021a); erst 1865 bis 1869 konnten Erweiterungsbauten erfolgen. Ab 1859 wurde eine eigene Fachzeitschrift für praktizierende Ärzte – „Der Irrenfreund“ – herausgegeben. Diese erschien bis 1902, der Druck erfolgte zeitweise im Paderborner Schöningh Verlag. Am 17.12.1864 starb Julius Wilhelm Ruer in Hamm.

Ab 1881 wurden im eigens gegründeten St. Johannes-Stift auch Kinder und Jugendliche als Patient:innen aufgenommen. In dieser sogenannten Heilanstalt waren Schwestern des Vinzentinerinnen-Ordens tätig, die sich um die „Pfleglinge“ kümmerten. Die Patient:innenanzahl dort stieg binnen zehn Jahren auf 284. Bis 1900 entstehen neben anderen Erweiterungsgebäuden ein Mädchen- und ein Jungenschulhaus sowie zwei Häuser für sogenannte „Bildungsunfähige“ (LWL 2021a). Ein Lazaretthaus mit Operationssaal und ein „Isolierhaus“ (ebd.) kommen bis 1928 dazu. Vor allem während des Ersten Weltkrieges kommt es „zu Notsituationen, u. a. durch Überbelegung“ (so ebd.).

In der Zeit von 1933 bis 1945 werden „auch in Marsberg in Folge des Gesetzes zur Verhütung erbkranken Nachwuchses Zwangssterilisierungen und Zwangsverlegungen mit Tötungsabsicht durchgeführt. Es herrscht in allen Einrichtungen eine starke Überbelegung“ (ebd.). Die 2014 erschienene gedruckte „Chronik“ und die 2005 erschienene LWL-Dokumentation zum Kinderpsychiatriepatienten Paul Brune (*1935) zeugen von Repression und Gewalt vor und nach 1945 in westfälischen Psychiatrien und lange fehlender Aufarbeitung (auch) in Marsberg.

Während des Zweiten Weltkrieges wird das St. Johannes-Stift zeitweise als militärisches Lazarett genutzt. Seit 1948 befinden sich alle Marsberger Kliniken in der Trägerschaft des Landschaftsverbandes Westfalen-Lippe, voran steht den Kliniken je das „Westfälische“. Die 1960er- und 1970er-Jahre sind von zahlreichen Erweiterungsbauten geprägt – 1971/72 kommt es zum Belegungshöchststand mit über 1.300 Patient:innen. In den 1980er-Jahren entstehen eine Ambulanz, ein Sozialzentrum und eine Regelschule und in den 1990er-Jahren ein Pflegeheim sowie ein Pflege- und Förderzentrum. In den Jahren nach der Zweitausendwende kommen Tageskliniken in Meschede, Schmallenberg und Höxter dazu. Alle Einrichtungen firmieren seither als LWL-Psychiatrie-Verbund. 2019 wird eine Betriebsstätte in Paderborn eröffnet. Insgesamt sind auf dem Verbundgebiet im Hochsauerlandkreis im Jahr 2020 1.350 Beschäftigte angestellt.

Weiterführender Weblink:
https://lwl.org/psychiatrie-marsberg-download/PDF/grob_Chronik_200_Jahre_Marsberg.pdf

4

Konrad Beckhaus

1849 Evangelische Erziehungsanstalt St. Petri-Stift

Der ev. Theologe Konrad Friedrich Ludwig Beckhaus wurde am 18.08.1821 in Lingen (Ems) geboren und wuchs nach Trennung der Eltern in Bielefeld, der Heimat seiner Mutter, auf. Dort machte er 1838 Abitur und studierte zunächst Naturwissenschaften, dann ev. Theologie an den Universitäten Halle, Tübingen und Berlin. 1846 wurde er Rektor der später evangelischen Bürgerschule in Höxter. Zunächst Hilfsgeistlicher, übernahm er dort 1852 das Amt des Stadtpfarrers in St. Kiliani, bevor er 1857 Superintendent des Kirchenkreises Paderborn wurde. Beckhaus war nicht nur Theologe, sondern betätigte sich auch als Botaniker, Pilz- und Schmetterlingskundler und publizierte vielfältig dazu. Auf diesem Gebiet erlangte er internationale Bekanntheit.

Die Arbeit des Evangelischen Kirchenkreises Paderborn muss – ähnlich der der weitaus kleineren, Anfang des 19. Jahrhunderts einige Hundert Gläubige umfassenden jüdischen Gemeinden –

als die in der Diaspora bezeichnet werden. Das Kreismuseum Wewelsburg (2017) fasst die Situation so zusammen:

> „*Ursprünglich zum Kirchenkreis Bielefeld gehörig, bildeten die evangelischen Gemeinden des alten Hochstifts seit 1840 den eigenen Kirchenkreis Paderborn mit einem Superintendenten an der Spitze. Die finanziellen Verhältnisse der frühen protestantischen Gemeinden dieses Kirchenkreises waren bescheiden, ihre geografische Ausdehnung teilweise so beträchtlich, dass die Pfarrer anfangs bis zu sechs Stunden unterwegs waren, um von einer Wirkungsstätte zur nächsten zu gelangen. Während der zweiten Hälfte des 19. Jahrhunderts stieg die Zahl der evangelischen Christen im Kirchenkreis Paderborn deutlich an (1850: rd. 6.000, 1914: rd. 16.000), es kam zu zahlreichen Gemeindeneugründungen auf dem Gebiet älterer Gemeinden.*" (ebd. online).

Der ev. Kirchenkreis reichte bis Höxter. Dort gründete Pfarrer Konrad Beckhaus 1849 die Evangelische Erziehungsanstalt St. Petri-Stift, um dort Konfirmandenunterricht für evangelische Kinder abzuhalten und evangelische Waisenkinder aufzunehmen. Die offizielle Einweihung fand am 19. Juli 1851 statt. Angelehnt an das Konzept des „Rettungshauses", wie es der evangelische Pfarrer und Sozialpädagoge Johann Hinrich Wichern (*1808, †1881) im Rauhen Haus in Hamburg begründet hatte, verfolgte man ein Familienprinzip, in dem ein Inspektor als Leiter „Hausvater" war. Wichern selbst kam 1858

Innere Mission, Evangelisches Rettungshaus mit „Hausvater", Pflege- und Krankenhaus St. Johannisstift, Diakonissen, Ev. Frauenbund zur „Visitation" nach Höxter und die Anstalt wird in diesem Jahr nach Genehmigung des westfälischen Oberpräsidiums selbstständige Stiftung.

Lebten 1849 zunächst sechs Kinder in der Anstalt, so waren es zehn Jahre später schon einundsechzig. Durch Erweiterung und Umbau 1861 und 1879 konnte die Anstalt bis zu 85 Kinder und Jugendliche aufnehmen. Einen weiteren Ausbau verweigerte der Vorstand, um das Familienprinzip in der Erziehung zu wahren. Nach zwei Wechseln der Hausväter, beide Lehrer von Beruf, führte der Inspektor und Lehrer Ludwig Schloemann (*1831, †1904) von 1863 bis 1903 die Anstalt.

Zu dem Zeitpunkt war Konrad Beckhaus bereits Superintendent des Evangelischen Kirchenkreises Paderborn und auf seine Initiative folgend hatte man sich in der Kreissynode 1859 entschieden, sich mit einer Zweigniederlassung in Paderborn alten, kranken und armen evangelischen Christen des Kirchenkreises zuzuwenden und dort ein „Pflegehaus" zu eröffnen. Mit der Eröffnung des St. Johannisstifts am 15.02.1863 am Rothoborn 3 durch Pastor Carl Böttner (*1858, †1883), Pfarrer der Abdinghofkirche, schloss man sich dem Konzept der Diakonissenanstalt an, das Theodor Fliedner (*1800, †1864) im heutigen Düsseldorfer Ortsteil Kaiserswerth begründet hatte. Die ersten zwei Schwestern des St. Johannisstifts, die 1863 die Arbeit mit sieben „Pfleglingen" aufnahmen, stammten aus der Kaiserswerther Diakonissenanstalt. Die Diakonisse Sophie Cammann wurde erste Vorsteherin.

Das St. Johannisstift begann als Ort für schwache und kranke, obdachlose und hilfsbedürftige Menschen. Im auf Spenden zielenden Gründungsaufruf der Gemeindepfarrer vom 02.02.1860 ist von einem „Armen- resp. Krankenhaus" die Rede, eine Lithografie aus der Gründungszeit trägt den Titel „Asyl für arme evangelische Christen". Der Träger der Anstalt verfügte über einen Vorstand, in dem örtliche Gemeindemitglieder engagiert waren. Vorsitzende waren die Gemeindepfarrer Böttner (Vorstandsvorsitzender) und Baumann, weitere Mitglieder Oberst von Bonin, Kunstdrechsler Uhlenhuth und Goldschmied Niemeyer.

Im Jahr 1877 gingen die Kaiserswerther Diakonissen zurück ins Mutterhaus. Darauf zogen Diakonissen aus Bethel unter dem Leitmotiv „Dienst um Jesu Christi willen an den Geringsten seiner Brüder" ins St. Johannisstift – und blieben, bis 1988 die letzte Diakonisse in den Ruhestand ging, über 111 Jahre ein zentrales „Gesicht" des Hauses und so auch der Stadt Paderborn.

Am 13.08.1890 starb Konrad Beckhaus in Höxter. Fünf Jahre später zog das ev. Kranken- und Pflegehaus in den Neubau in den damaligen Gärten vor dem Neuhäuser Tor in die heutige Reumontstraße. Pfarrer Friedrich von Bodelschwingh aus Bethel war einer der Ehrengäste zur Einweihung am 20.08.1895.

Während des Ersten Weltkrieges versorgte das Krankenhaus Schwerverwundete und wendete sich Epidemiekranken zu. Das Kriegsende brachte eine finanziell schwierige Zeit für den Erhalt des Johannisstifts mit sich. Spenden aus dem In- und Ausland sicherten das Bestehen.

1928 wurde in Paderborn ein evangelisches Kinderheim gegründet. Ausgangslage war der Mangel an Unterkünften von Müttern mit unehelichen Kindern, die in der Landesfrauenklinik Paderborn entbunden hatten. Diese wurden zunächst durch Ehrenamtliche aus der evangelischen Gemeinde unterstützt. Ab 1912 übernahm der damalige Ortsverband des Deutschen Evangelischen Frauenbundes diese Aufgabe. In der Begleitung engagierte Frauen entschlossen sich, selbst ein Kinderpflegeheim zu schaffen und der Leiterin des Frauenbundes, Luise von Laer

(*1875, †1959), ihr Werk vorzustellen. Zunächst zogen acht Kinder ein, später waren es dann achtzehn. Sie waren zwischen zwölf Tagen und vier Jahren alt. Das St. Johannisstift stellte im November 1928 in der Reumontstraße einunddreißig Räume zur Verfügung, Träger war der Frauenbund. Bis zur Bombardierung am 27.03.1945 übernahm man die „Pflege" der bis zu fünfundzwanzig Kinder. Im Zuge der Bombardierung Paderborns wurde das Krankenhaus wie das Kinderheim zerstört. Die meisten Kinder waren schon vorher evakuiert worden und fünf wurden bei Paderborner Familien untergebracht.

Nach dem Zweiten Weltkrieg nahm man schrittweise die Arbeit wieder auf. Altenhilfeeinrichtungen wurden 1967 und 1984 ausgebaut. In den 1980er-Jahren übernahm man das Kinderheim in Scherfede, gründete die Wohngruppe Nordstraße in Lippstadt und baute das Krankenhaus aus. Seit 1998 firmiert die Kinder- und Jugendhilfe mit Angeboten auch in Geseke/Ehringhausen, Mastholte und Wünnenberg-Haaren als gGmbH. 1999 wurde ein ambulanter Hospizdienst gegründet. Seit Beginn des 21. Jahrhunderts bietet man ambulante Familienberatung, eine Intensivgruppe für Mädchen und junge Frauen mit Essstörungen und psychischen Erkrankungen sowie eine Wohneinrichtung für Demenzkranke an. In Beckum entstand ein Regionalbüro.

Das Johannisstift ist heute eine Stiftung bürgerlichen Rechts. Aus dem Diakonischen Werk des Kirchenkreises Paderborn heraus wurde 1999 die Diakonie Paderborn-Höxter e.V. mit Sitz in Paderborn gegründet. Damit verbreiterte sich das in diakonischer Trägerschaft befindliche Hilfsangebot in Paderborn nochmals erheblich: An den Standorten Paderborn, Höxter und Warburg werden unterschiedlichste Beratungs- und Unterstützungsdienste für Kinder, Jugendliche, Familien und Menschen in besonderen Lebenslagen, in Migration und Flucht angeboten. Zusammen mit IN VIA Paderborn e. V. wird die Bahnhofsmission am Paderborner Hauptbahnhof betrieben.

Das evangelische St. Petri-Stift in Höxter leistet heute ambulante und stationäre Altenhilfeangebote mit einem nach Beckhaus benannten Seniorenzentrum und betreibt eine Wohneinrichtung für Menschen mit Behinderungen, die ihrerseits nach Ludwig Schloemann benannt ist.

Weiterführende Weblinks:
www.johannisstift.de
www.diakonie-pbhx.de
evangelisches-st-petri-stift-hoexter.de

Fanny Nathan

1861 Jüdisches Waisenhaus für die Provinzen Rheinland und Westfalen

Viethe (genannt Fanny) Nathan wurde am 02.04.1803 in Paderborn als dritte Tochter jüdischer Eltern geboren. Ihr Vater unterrichtete als selbstständiger Hauslehrer Kinder in Musik und Schreiben. Als er starb, war Fanny fünf Jahre alt und ihre jüngste Schwester noch nicht geboren. Die Familie lebte zunächst von Almosen, konnte aber 1817 ein Haus erwerben; die Mutter hatte vermutlich ein Handelsgeschäft eröffnet. Als junge Frau zog Fanny Nathan nach Frankfurt am Main, um eine erzieherische Ausbildung zu erlangen.

In der dortigen großen jüdischen Gemeinde knüpfte sie Kontakte, auf die sie später in Paderborn zurückgreifen konnte. Zurück in Paderborn eröffnete und leitete sie 1832 im Haus am Domplatz 14 ein „Institut zur Ausbildung jüdischer Mädchen", kurze Zeit später „Höhere Unterrichts- und Erziehungsanstalt Geschwister Nathan in Paderborn", die bis zu zwanzig Mädchen auch nicht jüdischen Glaubens aufnahm. Fanny Nathan nahm die alltägliche Not jüdischer Kinder in Armut wahr, die nur die Aussicht auf ein Leben als Bettelnde oder Hausierende hatten. So nahm sie zum 01.03.1856 zunächst zwei Waisenkinder und später drei weitere in den eigenen Haushalt auf. Da die eigene Wohnung zu klein wurde, suchte Nathan die Unterstützung des Regierungspräsidenten in Minden, initiierte ein Kuratorium und akquirierte unter Erweiterung des Einzugsgebiets ins Rheinland Spenden, um ein Waisenhaus zu errichten. So konnte ein Grundstück in der Leostraße 3, Ecke Husener Straße erworben werden. Am 21.05.1861 wurde der Grundstein gelegt, am 01.08.1863 fand die Eröffnung statt.

Ein Statut beschreibt unter der Überschrift „Von der Erziehung und Verpflegung der Waisen“ das Erziehungsziel der Anstalt: „Mit Liebe und Festigkeit zu frommen und rechtschaffenen Menschen, friedlich duldsamen Bürgern, treuen Genossen des Staates und tüchtigen Arbeitern, dem gemeinen Wohl zur Förderung und Gott zu Ehren.“ (Naarmann 1988, S. 362)

Fanny Nathan setzte auf eine ganzheitliche Bildung und Erziehung. Neben der religiösen Bildung in der heimeigenen Synagoge hatte jedes Kind feste Aufgaben und eine eigene Gartenparzelle, die es zu pflegen hatte. Um die positive Entwicklung der Waisen zu fördern, wurden „sittlich verwahrloste“ Kinder (ebd., S. 326) nicht aufgenommen. Für zeitgleich zwanzig Kinder war das Waisenhaus Zuhause und gleichzeitig Schule. Diese hatte einen äußerst guten Ruf, sodass auch auswärtige Kinder als „Internatskinder“ im Waisenhaus wohnten. Sie blieben oft bis zu Be-

Paderbornerin jüdischen
Glaubens, Mädchenbildung,
Waisenhausgründerin

ginn der Berufsausbildung. Die Vorbereitung darauf ist erklärtes Ziel der Anstalt.

Fanny Nathan war das, was man heute eine erfolgreiche Sozialunternehmerin nennen würde. Durch sogenannte Jahrzeitstiftungen finanzierte sie den Bau des Gebäudes: Hinterbliebene konnten ihren Verstorbenen Gedenktafeln für 300 Reichsmark widmen und im Gegenzug beteten die Waisenkinder regelmäßig für die Verstorbenen das Kaddisch-Gebet. Für Geld- und Sachspenden wurden wohlhabende jüdische Familien angesprochen. Patriotische Gedenktage spielten – als Ausdruck einer „demonstrativen Vaterlandsliebe“ (Naarmann 2003) dazuzugehören – eine wichtige Rolle im Alltag des Waisenhauses.

Fanny Nathan starb am 12.07.1877. Sie hatte die Leitung zuvor an ihre Nichte weitergegeben. Auch später blieb die Leitung des Hauses stets in den Händen einer Frau aus der Familie. Das Jüdische Waisenhaus in Paderborn bestand fast achtzig Jahre. Die Machtübernahme der Nationalsozialisten 1933 und die sogenannten Nürnberger Rassegesetze von 1935 veränderten auch den Alltag des Waisenhauses massiv. Jüdische Kinder aus anderen nordrhein-westfälischen Städten wurden dort untergebracht, in der letztlich enttäuschten Hoffnung, sie und auch Ältere durch handwerkliche Schulung auf ihre Auswanderung vorbereiten zu können. Im Februar 1942 übernahm der Kreis Paderborn das Gebäude und überließ es der Nationalsozialistischen Volkswohlfahrt.

Einige Kinder und Beschäftigte gingen zunächst in ihre Heimatorte zurück. Ende Mai und Anfang Juni 1942 wurden die verbliebenen dreiundzwanzig Kinder, die Leiterin Rose Elise Dreyer, die Lehrerfamilie Köln und die Erzieherin Ella Feldmeier nach

Hannover-Ahlem deportiert und später in den Konzentrationslagern Auschwitz, Theresienstadt, Riga oder andernorts umgebracht. Heute erinnert eine Namenstafel neben einer Stele und drei Stolpersteinen vor der heutigen LWL-Schule an die Waisenhauskinder und ihre Pädagog:innen. Die Gesellschaft für Christlich-Jüdische Zusammenarbeit in Paderborn und Schüler:innen der Friedrich-Spee-Gesamtschule in Paderborn engagieren sich für die Erinnerungsarbeit um das Waisenhaus.

Weiterführende Weblinks:
www.stolpersteine-paderborn.de
https://akjw.hypotheses.org/tag/fanny-nathan
https://www.hannover.de/Kultur-Freizeit/Architektur-Geschichte/Erinnerungskultur/Gedenkstätte-Ahlem

6

Friedrich von Bodelschwingh

1867 Rheinisch-Westfälische Anstalten für Epileptiker

Friedrich Christian Carl von Bodelschwingh, geboren am 06.03.1831 in Tecklenburg und gestorben 02.04.1910 in Bielefeld, entstammte einem westfälischen Adelsgeschlecht. Er war der zweite Leiter der 1867 entstandenen „Rheinisch-Westfälischen Anstalten für Epileptiker“ (ab 1874 „Bethel“) in Bielefeld. Die posthum nach ihm benannte Anstalt (heute: Stiftung) baute er mit Hilfsangeboten für Menschen mit Behinderungen, Obdachlose, psychisch Kranke und Suchtkranke sowie (zunächst männliche) Jugendliche zum größten diakonischen Unternehmen in Europa aus.

Friedrich von Bodelschwinghs Vater war 1842 preußischer Finanz-, dann Innenminister in Berlin. So besuchte dessen Sohn Friedrich dort das Gymnasium, machte sein Abitur später in Dortmund. Zunächst wollte er Bergmann werden, nach einer landwirtschaftlichen Ausbildung wurde er dann allerdings Gutsverwalter in Gramenz (heute Grzmiąca, Polen). Darauf studierte er evangelische Theologie in Basel, Erlangen und Berlin und übernahm 1858 eine Gemeinde in einem Pariser Armenviertel, wo deutsche Auswanderer lebten. Mit Unterstützung seiner Frau Ida sammelte er Spenden, um auf dem Montmartre eine Kirche mit Schule und, wie berichtet wird, Arbeiterwohnhäuser zu errichten (Bethel 2017, S. 6). 1864 kehrte die Familie nach Deutschland zurück.

Der Anfang war klein, als im Jahr 1867 in Bielefeld ein Bauernhof in der Nähe zur Innenstadt zu einem Pflegehaus für zwanzig epilepsiekranke Jungen und Männer ausgebaut wurde. Träger war der Rheinisch-Westfälische Provinzialausschuss für Innere Mission der evangelischen Kirche. Leiter der Anstalt wurde der Pfarrer Friedrich Simon. Als dieser in eine Gemeinde wechselt, übernahm 1872 Friedrich von Bodelschwingh die Leitung. 1873 wurde ein zweites Pflegehaus mit hundert Plätzen bezogen, das den Namen „Bethel" (hebräisch für „Haus Gottes") erhielt; später kamen Wohn- und Werkstätten für Menschen mit anderen Behinderungen, für psychisch Kranke und Suchtkranke hinzu. 1900 lebten in Bethel, wie die Anstalt ab 1874 offiziell heißt, bereits 1.625 Menschen in familienähnlichen Gruppen, betreut von dort selbst ausgebildeten Diakonissen und Diakonen. Von Bodelschwinghs konservativ-patriarchalisches Ideal war das ländlich-christliche Familienleben als Mittel gegen die wachsende sozialdemokratische Arbeiterbewegung.

Rheinisch-westfälische Anstalten für Epileptiker, Arbeiterkolonien, „Freund der Brüder von der Landstraße", Herberge zur Heimat Detmold, Fürsorgeanstalt Freistatt

1882 entstand in Wilhelmsdorf (heute Bielefeld-Sennelager) ausgehend von v. Bodelschwinghs Leitsatz „Arbeit statt Almosen" die erste sogenannte Arbeiterkolonie für obdachlose „Wanderarbeiter". In Detmold entstand 1883 eine Zweigeinrichtung, die heutige „Herberge zur Heimat". Weitere „Zweiganstalten" – wie Bethel alle mit selbst versorgendem Ortscharakter, Werkstätten, Kirche und Schule – entstanden in Freistatt (Kreis Diepholz), Lobetal und Gnadental (bei Berlin).

Wenige Jahre später existierten bereits zwanzig Arbeiterkolonien in Deutschland. In ihnen herrschten „Barmherzigkeit und Zucht" (Grohall 1998, S. 93); dem Pionier ging es um „die wirklich unglücklichen Leute, die ohne Schuld auf die Landstraße geraten sind" (v. Bodelschwingh 1904/1964, S. 564).

In der NS-Zeit wurden in Betheler Kliniken über 1.600 Frauen und Männer zwangssterilisiert. Friedrich v. Bodelschwingh d. J., der 1910 die Leitung von seinem Vater übernommen hatte, trat der Euthanasie 1940 verzögernd widerständig entgegen. Sechzehn Bewohner:innen jüdischen Glaubens wurden in Brandenburg/Havel hingerichtet. Die Anstalt Freistatt gilt bis heute als einer der repressivsten Orte für 92.716 Fürsorgezöglinge, die ab 1899 bis in die 1970er-Jahre dort aufgenommen wurden. Die Moorburg als geschlossene Anstalt glich einem Gefängnis mit Zwangsarbeit im Moor, einem Alarmsystem für entweichende Zöglinge und rigiden Strafen.

Heute arbeiten in über 140 Einrichtungen in vier rechtlich selbstständigen Stiftungen des Verbundes Von-Bodelschwinghsche-Stiftungen Bethel rund 20.000 Mitarbeiter:innen in acht Bundesländern.

Weiterführender Weblink:
www.hauptarchiv-bethel.de

Christian Bartels

1894 Katholischer Erziehungsverein für das Bistum Paderborn

Christian Bartels wurde am 27.09.1856 als fünftes von zehn Kindern geboren. Sein Vater hatte sich in der Hochkonjunktur des Eisenbahnbaus vom Tagelöhner zum Schachtmeister hochgearbeitet; als solcher überwachte er den Altenbekener Viaduktbau und war später freier Unternehmer mit 200 Arbeitskräften und einem Fuhrpark mit 60 Pferden. Bartels machte Abitur am Theodorianum in Paderborn, begann 1877 ein Studium der Rechtswissenschaften in Berlin, absolvierte den Militärdienst in Eichstätt und studierte Theologie in Innsbruck und Eichstätt. 1889 kam er nach Stationen in Eichstätt, Meschede/Freienohl, Dortmund und Magdeburg als Pfarrer in die vergleichsweise mittellose St.-Jodokus-Gemeinde in der Altstadt Bielefelds. Dort stand er im Kontakt zu Friedrich von Bodelschwingh, setzte sich für verwahrloste Jugendliche ein und eröffnete 1901 das St. Josefshaus als Fürsorgeanstalt für Jungen. Zwei Jahre später entstand in Warburg das Damianeum (heute Jugenddorf Petrus Damian). In Bielefeld nahm man bis zur wohl auch baulich bedingten Schließung

(1932) Mädchen auf, in Warburg ausschließlich Jungen. Die Leitung der beiden Fürsorgeheime wechselte mehrfach, zuletzt waren die Geistlichen Friedrich Bornemann (*1895, †1978) in Bielefeld und Wilhelm Grawe (*1881, †1967) in Warburg dort Rektoren.

1899 wurde Christian Bartels Diözesanpräses des am 17.05.1894 begründeten „Katholischen Erziehungsvereins für das Bistum Paderborn", der heutigen „Jugendhilfe für das Erzbistum Paderborn gGmbH". Die Entstehung geht auf den Erfurter Pfarrer Josef Schnitz (*1874, †1912) zurück. Zweck des dort 1888 im östlichsten Bereich des Bistums begründeten Vorläufervereins war es, katholischen „verwahrlosten und gefährdeten Kindern eine gute Erziehung in Anstalten oder in Familien zu ermöglichen und ihnen nach der Schulentlassung einen geeigneten Lebensberuf zu verschaffen" (Liese 1995, S. 75). Der neue Verein wurde in zwei Abteilungen mit Bezirken im westlichen und östlichen Bistumsteil gegliedert.

Gründer des Kath. Männerfürsorgevereins, Mitgründer des Kath. Erziehungsvereins, Familienfürsorge für gefährdete Kinder, „Westfälischer Don Bosco", erster Diözesan-Caritasvorsitzender in Paderborn

Christian Bartels übernahm bereits im November 1894 die Zuständigkeit für die westliche Abteilung. Diese wurde von der preußischen Provinz Westfalen mit der Umsetzung des 1900 eingeführten preußischen Fürsorgeerziehungsgesetzes beauftragt. Ohne, dass die Waisenhäuser ihren Dienst an hilfsbedürftigen Kindern aufgeben sollten, solle aus Sicht des zuständigen preußischen Ministers, so notiert Liese (1995, S. 79) zu Ausführungen von Landeshauptmann Dr. Ludwig Holle (*1855,

†1906), möglichst Familienerziehung der Zöglinge angestrebt werden. Der Katholische Erziehungsverein bringt in der Folge über seine an Pfarrbezirke anknüpfende Struktur und sich dort an Familien richtende Werbeveranstaltungen einschließlich Eignungsprüfung jährlich rund 300 „gefährdete“, das heißt zuvor in desolaten Familienverhältnissen lebende katholische Kinder in Pflegefamilien unter und begleitet diese bis zur Schulentlassung so in der Weise eines heutigen Pflegekinderdienstes (siehe näher: Liese 1995).

1909 wurde Christian Bartels Domkapitular in Paderborn. 1912 gründete er nach Kontakt zu Agnes Neuhaus in Essen den „Katholischen Männer-Fürsorge-Verein“ (seit 1991: SKM – Kath. Verband für soziale Dienste in Deutschland e. V.) und war neben dessen Leitung zugleich vier Jahre lang Dompfarrer in Paderborn. Ab 1915 wurde Christian Bartels erster Vorsitzender des am 08.12.1915 in Dortmund gegründeten Diözesan-Caritasverbandes für das Bistum Paderborn. Außerdem war er Geistlicher Beirat des Katholischen Fürsorgevereins für Mädchen, Frauen und Kinder e. V. in Dortmund unter Leitung von Elisabeth und Dr. Anna Zillken.

Ab 1924 erkrankte er zunehmend und zog sich schrittweise aus seinen Ämtern zurück. Vorsitzender des Diözesan-Caritasverbandes (DiCV) und des Katholischen Erziehungsvereins blieb er bis 1934 bzw. April 1935. Am 08.04.1939 starb er in Paderborn.

Christian Bartels wird als „kernig geprägte, originelle Persönlichkeit“ (Brandt 1993, S. 43), als zugewandter und humorvoller Mensch mit „typisch westfälischer Zähigkeit … mitunter Starrköpfigkeit“ (Liese 1995, S. 117) beschrieben, mit der er auftretende Schwierigkeiten meisterte. Er wird als „Westfälischer Don Bosco“ (Breul 2015, S. 58) bezeichnet, da er sich wie Giovanni

Melchiore Bosco in Turin für vernachlässigte Jugendliche einsetzte. Zentral für Bartels ist ein Bemühen um Familienfürsorge und auch die Frage nach der Form der Hilfe. Christian Bartels suchte neue Wege in der Heimerziehung zu gehen: Schulentlassene männliche Jugendliche sollten planmäßige Beschäftigung erhalten und „wie Siedler die sandigen Senne-Böden urbar machen" (Liese 1995, S. 82 f.). Aufgrund seiner Kenntnis und Initiative brachten Schweizer Salvatorianer das Konzept von Selbstversorgung und handwerklicher Befähigung von Fürsorgezöglingen ins 1915 in Hövelhof gegründete Salvator-Kolleg.

Dass angesichts der sozialen Folgen der Industrialisierung (auch) „Knaben und Männer" gezielt karitativer Unterstützung bedürften, war drei Jahre zuvor (1912) Gründungsmotiv des „Katholischen Männer-Fürsorge-Vereins (KMFV)" gewesen und findet sich bis heute in den Leitsätzen seiner in rechtlich selbstständigen Bundesverband und Ortsverbänden organisierten Nachfolgeorganisationen. 1927 gab es im Bistum Paderborn 35 Ortsgruppen, nach Trier und Köln reichsweit die meisten. 1929 existierten reichsweit 162 Ortsgruppen mit 8.000 Mitgliedern, darunter 80 hauptberuflich Aktive. Es wurden 54.000 Personen betreut. Während der NS-Zeit in ihrer Tätigkeit zunächst eingeschränkt und 1942 offiziell eingestellt, wurde 1955 die Paderborner Ortsgruppe wieder aktiviert.

Mit diesen Unterbrechungen leitete Prälat Dr. Aloys Braekling, der auch der erste hauptamtliche Sekretär des DiCV 1915 gewesen war und später dem SKM-Bundesverband vorstand, von 1926 bis 1962 den Paderborner Verein. 1963 erhielt dieser den Namen „SKM – Sozialdienst Katholischer Männer e. V.". Bis 1965 wurden die Aufgaben ausschließlich von Ehrenamtlichen wahrgenommen. Seit 1993 unter dem Namen „SKM – Katholischer

Verein für soziale Dienste in Paderborn e. V." hat dieser als Fachverband der Caritas zum Ziel, Menschen in Not zu helfen, Christen zum sozial-karitativen Dienst in der Kirche und Gesellschaft zu motivieren und zu befähigen sowie soziale und gesellschaftliche Bedingungen hilfebedürftiger Menschen zu verbessern.

Von 1984 bis 2016 wurde der Verein erstmals hauptamtlich durch Dipl.-Sozialarbeiter Johannes Bracke geleitet; sein Nachfolger ist seither Dipl.-Sozialarbeiter Joachim Veenhof. Der SKM unterstützt in Paderborn heute mit dreizehn Fachkräften der Sozialen Arbeit unter den rund dreißig hauptamtlich Beschäftigten, rund fünfundzwanzig über das Jobcenter geförderten Beschäftigten und rund fünfunddreißig Ehrenamtlichen insbesondere suchtkranke, straffällige und wohnungslose Menschen unter anderem über eine Fachberatungsstelle, eine Tages- und eine Übernachtungsstätte und in verschiedenen Wohnprojekten.

Der DiCV Paderborn ist seit 1973 ein eingetragener Verein. Unter der gemeinsamen Leitung von Caritasdirektorin Esther van Bebber und Caritasdirektor Ralf Nolte sind sind hier heute dreiundzwanzig örtliche Caritasverbände, sieben diözesane Fachverbände und rund einhundert korporative Mitglieder zusammengeschlossen. Unter seinem Dach sind rund 69.000 Beschäftigte und ca. 20.000 Ehrenamtliche tätig.

Weiterführende Weblinks:
www.caritas-paderborn.de
www.skm-paderborn.de
www.jugendhilfe-paderborn.de

8

Agnes Neuhaus

1900 Katholischer Fürsorgeverein für Mädchen, Frauen und Kinder

Agnes Neuhaus wurde am 24.03.1854 in Dortmund geboren und wuchs in einer gutbürgerlichen katholischen Familie auf. Sie war die älteste Tochter von insgesamt neun Kindern. Die ersten Jahre ihrer Schulzeit verbrachte Agnes Neuhaus im Ursulinenkloster zu Haselünne im Emsland und in einem französischen Pensionat in Carignan bei Sedan. Ihr Vater, ein Sanitätsrat, war politisch aktiv; ihre Mutter war Privatlehrerin, leitete einen katholischen Frauenverein und organisierte Sonntagskurse zur Ausbildung von Kindergärtnerinnen, wie es damals hieß. Zuerst gegen den Willen des Vaters studierte sie einige Semester Musik in Berlin, wo sie ihren Mann Adolf (*1845, †1905), einen angehenden Juristen, kennenlernte und zwei ihrer drei Kinder geboren wurden. Beide Eheleute übernahmen Vormundschaften und richteten in ihrem Haus ein gemeinsames Büro für sich und die Mitarbeiter:innen ein.

Während ihr Mann als Richter arbeitete und sie juristisch beriet, engagierte sich Agnes Neuhaus zunächst in der sozialen Hilfsarbeit für erkrankte Frauen in der Prostitution und gründete dazu am 19.06.1900 in Dortmund den „Verein vom guten Hirten", der kurz darauf als „Katholischer Fürsorgeverein für Mädchen, Frauen und Kinder" Vorläufer des heutigen „Sozialdienstes katholischer Frauen" (SkF) ist. Das Ziel von Agnes Neuhaus und den Mitwirkenden war es, „die Seelen der Mädchen zu retten", da die Prostituiertenhilfe und der Erziehungsgedanke für sie eng verbunden mit einem religiösen Auftrag waren (vgl. Breuer 1998, S.125 f.). Für Agnes Neuhaus standen die praktische Arbeit und Hilfe an der einzelnen Person im Vordergrund, denn sie vertrat die Meinung, dass die Betroffenen nur durch die Hilfsarbeit an jeder einzelnen Person aus ihrer unglücklichen Situation befreit werden könnten.

Im Vormundschaftswesen setzte Agnes Neuhaus sich für die persönliche Einzelvormundschaft ein. 1917 gründete sie die Fürsorgerinnenschule in Dortmund, an der junge Frauen ab einundzwanzig Jahren eine einjährige Ausbildung absolvieren konnten. 1919 verfügte der Verein über 112 Ortsgruppen und vierzig Zufluchtshäuser für Frauen und Mädchen – darunter das Haus Widey in Salzkotten-Scharmede.

Engagement für Frauen in Not, Gründung des heutigen „Sozialdienstes katholischer Frauen" (SkF), Schulung ehrenamtlicher Fürsorgerinnen, Reichstagsabgeordnete

Im selben Jahr wurde Agnes Neuhaus in die Nationalversammlung gewählt. Als Reichstagsabgeordnete der katholischen Zentrumspartei war sie an der Entstehung zu der Zeit vielfach innovativer Gesetze beteiligt: des Reichsjugendwohlfahrtsgesetzes (Vorläufer des heutigen SGB VIII) und des Jugendgerichtsgesetzes, was bereits damals die Einsichtsfähigkeit junger

Täter:innen zum Prüfgegenstand erhob und den Standard „Erziehung vor Strafe“ setzte.

In den Anfängen der NS-Zeit wurde sie von der Gestapo überwacht – ähnlich ging es ihren Nachfolgerinnen Elisabeth und Dr. Anna Zillken als Vertreterinnen der vom Katholischen Frauenverein getragenen Westfälischen Wohlfahrtsschule. Ihr Verein versuchte, vom NS-Regime Verfolgte zu unterstützen. Am 20.11.1944 starb Agnes Neuhaus in Soest.

In den 1950er-Jahren wird berichtet, dass die Zentrale des Vereins neben der Wohlfahrtsschule eine Erziehungsberatungsstelle und eine Ausgleichsstelle für Pflege- und Adoptionsvermittlung unterhält. Eindrucksvoll ist der „Arbeitsbericht 1957 der Zentrale“ des Verbandes, der zur Gewinnung von „mehr ehrenamtlichen Mitarbeiterinnen und Helferinnen“ aufruft, die „gut in die Arbeit einzuführen“ seien, da diese „ja die Zeit von heute verstehen (müssen), die die Menschen so anders formt als früher, die die Gefährdungen ändert und die uns zwingt, darüber nachzudenken, wie wir unsere Hilfe der Not und Gefährdung von heute anpassen können; wie wir genügend Fürsorgerinnen für die Heime und für die offene Fürsorge vermitteln können“ (S. 89). Statistisch festgehalten werden 17 Tagungen zu verschiedenen Themen von der Erziehungsberatung bis zur Vormundschaftsarbeit, 1.870 Besprechungen, 812 Beratungen in 277 Ortsgruppen und 223 Beratungen in Heimen, 112 Konferenzen in 630 Ortsgruppen mit 1.756 teilnehmenden Mitarbeiterinnen, 254 in der Erziehungsberatung betreute Kinder, Jugendliche und deren Eltern. Differenziert wurde ausgewiesen, welche Diagnosen und welche Angebote durchgeführt wurden (vgl. Zentrale des kath. Fürsorgevereins 1958, S. 89–94). Interessant bis heute ist auch die Positionierung zu „Statistik – Plage oder Hilfe?“, der in kritischer Reflexion eine „Bedeutung für unsere Arbeit am Menschen“ (ebd., S. 83–88) zugeschrieben wird.

Der SkF ist bis heute als Fachverband mit einem deutschlandweit agierenden Gesamtverband und rechtlich selbstständigen Ortsverbänden organisiert. Seine Arbeitsschwerpunkte reichen von der Unterstützung von Frauen, psychisch Erkrankten und Menschen in Notlagen über die Kinder- und Jugendhilfe sowie Pflegekinderhilfe bis hin zur Alten- und Behindertenhilfe.

Weiterführender Weblink:
www.skf-zentrale.de/der-skf/skf-geschichte/skf-geschichte

Heinrich Sommer

1904 Josefs-Gesellschaft und Josefsheim

Heinrich Sommer wurde am 03.01.1872 in Ahlen/Westfalen geboren und war das zweitjüngste Kind unter sechs Geschwistern. Sein Vater Josef war Lehrer in Ahlen. Heinrich Sommer machte in Münster Abitur und wollte Priester werden. Gesundheitliche Gründe standen dem zunächst entgegen. So absolvierte er eine Ausbildung zum Drogisten in Remscheid und schloss sich der Steyler Mission an. Seine Gesundheit verhinderte allerdings eine Missionsarbeit im Ausland und so brachte er seine Kenntnisse als Drogist in der Krankenbetreuung und der Schulung seiner Mitbrüder ein.

Seine Familie kam ursprünglich aus dem Sauerland und besaß im münsterländischen Ahlen eine Zeitungsdruckerei. So wird er später im Josefsheim auch zuerst eine Druckerei mit angeschlossener Buchbinderei und kleinem Buchhandel eröffnen – unterstützt durch seinen Bruder Everhard, der Drucker ist. Der Ahlener Familienbetrieb bestand mit einer Buchhandlung bis 2021.

Doch zurück ins Jahr 1899: Am 5. Februar wurde Heinrich Sommer in Paderborn doch noch zum Priester geweiht. Vier Jahre später nahm er am Katholikentag 1903 in Köln teil und der dortige Antrag des Regierungsrats im preußischen Kultusministerium Dr. Philipp Brugger (*1865, †1943), Ausbildungseinrichtungen für so genannte „krüppelhafte Kinder" zu gründen, regte ihn an, sich in seiner sauerländischen Heimat für die „Krüppelfürsorge" zu engagieren. Im selben Jahr war Sommer zur Kur in Olsberg. Dort lernte er Conrad Freiherr von Wendt (*1872, †1945) kennen. Von Conrad von Wendt wird berichtet, dass er „sehschwach" war und daher als Kind keine öffentliche Schule besuchen konnte. Dessen Ehefrau Gertrud Agnes von Galen war die Schwester des späteren Münsteraner Kardinals von Galen. Die Eheleute von Wendt unterstützten Heinrich Sommers Anliegen.

Conrad Freiherr von Wendt, den der westfälische Oberpräsident und Zentrumspolitiker Johannes Gronowski (*1874, †1958) ob dessen Engagements und Gerechtigkeitssinns anlässlich des 25-jährigen Bestehens der Josefs-Gesellschaft den „sozialsten Adligen Westfalens" nannte, ermöglicht Heinrich Sommer den Kauf eines Grundstücks im heutigen Olsberger Ortsteil Bigge. Von Wendt unterstützt ihn mit einem Aufruf in siebzig Zeitungen im Rheinland und in Westfalen zur Gründung des katholischen Vereins „Josefs-Gesellschaft" und dabei, Spenden zur Errichtung des Krüppelheimes zu sammeln. Die Gründung kam am 15.08.1904 zustande. Für den Vorstand ließen sich Geheimrat Federath aus Olsberg, Medizinalrat Dr. Bardenheuer, Landgerichtsrat Schlüter und der Fa-

Gründer der Josefs-Gesellschaft, „Vater der katholischen Krüppelfürsorge", Pionier der Teilhabe durch Bildung

brikant Wiese aus Werden/Ruhr als Fachleute mit je guten Kontakten gewinnen. Sommer und den von Wendts ging es nicht nur um die Versorgung und Pflege von Menschen mit Behinderung. Vielmehr stand von Anfang an die Befähigung und Ausbildung im Mittelpunkt. Heinrich Sommer wird so zitiert: „Viele Krüppel, welche man als nutzlose, überflüssige Geschöpfe betrachtet, haben sich zu wahren Fachmännern herangebildet und ihre gesunden Kollegen an Tüchtigkeit und Lohn übertroffen.“ (Josefs-Gesellschaft Köln 2018) Die Satzung der Josefs-Gesellschaft stellt fest, dass man sich an Personen beiderlei Geschlechts wende.

Das Josefsheim Bigge wurde am 01.11.1904 eingeweiht. Heinrich Sommer übernahm die Leitung. Einen Tag zuvor waren die ersten jugendlichen Menschen mit Behinderung in ein Wohnhaus in Bigge eingezogen. Zuerst wurden eine Druckerei, Buchbinderei und Setzerei in Betrieb genommen. In den Folgejahren kamen die Handwerksausbildungen als Schuhmacher, Schreiner, Schlosser, Drechsler, Korbmacher, Schneider und Gärtner dazu. Von Anfang an war der Berufsschulunterricht fester Bestandteil. Das „Josefs-Krüppelheim“ fand großen Zulauf und es kam zur Überbelegung. In den Jahren 1912 und 1913 wurden gegenüber Sommer Anschuldigungen bezüglich Eigenmächtigkeit, Versorgungs- und Betreuungsmissständen erhoben, deren Umstände nicht geklärt sind. Infolgedessen und wegen seiner angeschlagenen Gesundheit trat Heinrich Sommer im Oktober 1913 aus der Josefs-Gesellschaft aus. Er starb am 18.04.1918 in Karlsruhe und wurde in der Kirche des Josefheimes Bigge beigesetzt. Conrad von Wendt blieb von 1914 bis 1945 erster Vorsitzender der Josefs-Gesellschaft Bigge. Mit der NS-Zeit und der Euthanasie hat sich die Josefs-Gesellschaft rückblickend 2001 auseinandergesetzt.

Im Anschluss an die Gründung in Bigge entstanden überall in Deutschland Josefs-Gesellschaften. Heute bietet die Josefs-Gesellschaft gGmbH als eine Holding mit Sitz in Köln, registerrechtlich in Arnsberg und als Mitglied des Deutschen Caritasverbandes, in sechs Bundesländern mit rund vierzig Tochtergesellschaften an über achtzig Standorten und mit über 6.200 Mitarbeiter:innen Leistungen für Menschen mit Hilfebedarf und medizinische Versorgung in Krankenhäusern. Das Josefsheim Bigge besteht heute aus Wohneinrichtungen für jede Altersgruppe, einem breiten beruflichen Bildungsbereich, Arbeits-, Sport- und Freizeitangeboten, einem ambulanten Dienst und einem heilpädagogischen Kindergarten. Insgesamt nutzen rund 1.000 Menschen dessen Angebote.

An Conrad Freiherr von Wendt erinnert ein Denkmal vor Schloss Gevelinghausen in Olsberg. Heinrich Sommers Bild ziert in Schwarz-weiß das Logo der Josefs-Brauerei, einem Inklusionsbetrieb. Das Josefsheim Bigge liegt an der nach Heinrich Sommer benannten Straße und auch in seiner Geburtsstadt Ahlen wurde 2015 eine Straße nach ihm benannt. Die Josefs-Gesellschaft in Köln vergibt einen nach Sommer benannten Förderpreis für Auszubildende mit Handicap.

Weiterführende Weblinks:
www.josefsheim-bigge.de
www.jg-gruppe.de

10

Alois Vogels und Viktor Freiherr von Solemacher-Antweiler

1911 Kreis- und Ortsausschüsse für Jugendpflege im Kreis Büren

Dr. Alois Vogels (oberes Bild) wurde am 04.06.1887 in Langenberg (Rheinland) geboren. Er studierte Rechtswissenschaft in Bonn und München und promovierte am 10.02.1911. Zunächst war er Gerichtsreferendar und Gerichtsassessor, 1915 angestellt im ostpreußischen Regierungsbezirk Gumbinnen (heute Oblast Kaliningrad); im Preußischen Innenministerium wurde er im Januar 1921 Regierungsrat und im Mai 1921 zunächst kommissarisch, dann ab 01.11.1921 mit der Leitung des Königlich Preußischen Landratsamtes Büren beauftragt.

Viktor Freiherr von Solemacher-Antweiler (unteres Bild) wurde am 16.04.1889 in Berlin geboren, studierte Rechtswissenschaften in Bonn, Kiel, Straßburg und Münster und schloss sein Studium dort 1912 ab. Im selben Jahr wurde er zunächst zum Gerichtsreferendar, dann Referendar der Bezirksregierung Köln. Er promovierte 1914 in Breslau. Nach Tätigkeiten unter anderem in anderen Landkreisen, im Reichsministerium für die besetzten Gebiete im Rheinland bis hin zum Polizeipräsidium Berlin wurde er im März 1925 zunächst vertretungsweise, im November 1925 dann definitiv mit der Leitung des Landratsamtes in Büren beauftragt.

Büren war von 1816 an Sitz des selbstständigen Kreises, der von Lichtenau im Osten bis Boke und Salzkotten im Westen sowie Wünnenberg im Süden reichte und der 1975 mit dem nördlich gelegenen Altkreis Paderborn in den heutigen Kreis Paderborn aufging.

Bereits am 07.06.1911 wurde auf Einladung des Mindener Regierungspräsidenten im Bürener Hotel Ackfeld eine „Konferenz zur Besprechung über die Förderung und Gestaltung der Jugendpflege im Kreis Büren" durchgeführt. Akteure aus Politik, Kirche und Vereinen hatten sich zur Entwicklung von Angeboten für Heranwachsende zusammengefunden, die durch „Jugendpflege" im Übergang zum Erwachsenenleben zwischen Schulentlassung und der Militärdienstzeit begleitet werden sollten. Grundlage dafür waren der reichsweite preußische Erlass vom 24.11.1901 „Betrifft Veranstaltungen zur Sammlung und Unterhaltung der schulentlassenen gewerblichen Jugend" sowie der Erlass „betreffend

Orts- und Kreisausschüsse für Jugendpflege. Kreisjugendamt Büren, zwangsweiser Vertrag mit Himmler, Jugend und Heimat, „Einer der Väter der Landesverfassung".

Jugendpflege“ vom 18.01.1911, die diese strukturelle Innovation anstießen. Man sah die Notwendigkeit, dass Heranwachsenden die Möglichkeit zu geben sei, ihre freie Zeit nach ihren Bedürfnissen zu füllen und formulierte zugleich die Sorge um das „leibliche“ und „sittliche“ Gedeihen der „heranwachsenden Jugend“, die nicht sich selbst überlassen werden dürfe.

Reichsweit wurde in der Gewerkschaftsbewegung und in der Sozialdemokratie – siehe auch das Entstehen der Bismarck'schen Sozialgesetze – eine Gefahr gesehen. Mit einigen Verzögerungen wurden lokal bis Ende 1911 nach Aufforderung des Regierungspräsidiums in Minden durch Vertretende aus Politik, Kirche, Sport und Schulen Kreis- und Ortsausschüsse für Jugendpflege im Kreis Büren gegründet.

Landrat Vogels berichtete 1925 rückblickend, dass 1919 ein Kreiswohlfahrtsamt eingerichtet wurde. Inflationsbedingt erhielten 1923 bis zu sechshundert Familienangehörige Erwerbslosenfürsorge. Einhundertzwanzig Jugendliche mit Behinderung sollten durch ambulante Fürsorge wieder arbeitsfähig gemacht werden. In der Gesundheitsfürsorge seien acht Ärzte, eine Kreisfürsorgerin und sieben Fürsorgeschwestern tätig. Neunzig größtenteils konfessionelle Vereine würden Jugendpflege betreiben. Im Zuge des Reichsjugendwohlfahrtsgesetzes (RJWG) sei 1924 ein Kreisjugendamt eingerichtet worden, dessen Hauptaufgabe „der Schutz der unehelichen Kinder“ sei (ebd., S. 71).

Datiert auf den 31.07.1924 und den 29.09.1925 (genehmigt am 09.10.1925) regelt eine Satzung die Geschäfte und Zusammensetzung des Jugendamtes des Kreises Büren. Sie verweist auf das Ausführungsgesetz vom 29.03.1924 und die Aufgaben des RJWG, wonach reichsweit Jugendämter unter anderem für den Schutz der Pflegekinder, Fürsorgeerziehung, Vormundschafts-

und Waisenratsaufgaben, Schutzaufsicht, Jugendgerichtshilfe sowie die Initiierung, Förderung und Schaffung kindheits-, jugend- und mutterschaftsbezogener Wohlfahrtsleistungen zuständig sind. In der Bürener Satzung ist festgelegt, dass der besondere Ausschuss Jugendamt dem Kreiswohlfahrtsamt zugehörig ist. Neben dem Landrat als Vorsitzendem gehören ihm „vier Beamte [...] sowie 15 in der Jugendwohlfahrt erfahrene Männer und Frauen" (§ 3, ebd.), vier Vertretende von Vereinigungen der Jugendwohlfahrt und Jugendbewegung, je ein evangelischer und ein katholischer Geistlicher, ein Lehrer und eine Lehrerin sowie zwei Ehrenbeamte an. Beratende Stimmen haben der Kreisschulrat, der Kreismedizinalrat, der Gewerberat und der Vormundschaftsrichter. Während Dr. von Solemacher-Antweiler als unterzeichnender Landrat als Amtsträger dem Kreisjugendamt vorstand, war sein Vorgänger Dr. Vogels selbst Vorsitzender des Kreis- und Ortsjugendpflegeausschusses Büren. In der Sitzungsladung vom 15.01.1930 ist unter anderem die Rede von der Funktion „eines Kreisjugendpflegers und einer Kreisjugendpflegerin".

Alois Vogels, der neben seinem juristischen Studium auch Vorlesungen der Sozioökonomie, Musikwissenschaft und Orientalistik belegte, werden besondere Verdienste um das Gemeinwohl und den Erhalt der Wewelsburg zugeschrieben. Nach langen Verhandlungen wurde diese 1925 Eigentum des Kreises. Es entstand für Jugendvereine ein Versammlungssaal, im Westflügel wurde das Heimatmuseum Büren eingerichtet, im Ostflügel eine Wander-, heute Jugendherberge mit zunächst dreißig Betten, in einer alkoholfreien Burgwirtschaft, so wird berichtet, gab es für Ausflügler Kaffee und Kuchen. Am 31.05.1925 fand die Eröffnung statt. Da war der „unbedingte Demokrat und Republikaner" (Grabe 2020,

S. 331) Alois Vogels, der sich schon 1923 nationalsozialistischen Anfeindungen ausgesetzt sah, bereits kommissarisch Landrat in Grevenbroich und darauf drei Jahre Landrat in Steinfurt. Infolge der Machtübernahme der NSDAP 1933 kurzzeitig in den Ruhestand versetzt, war er bis Kriegsende beim Oberversicherungsamt in Düsseldorf tätig, ab 1945 kurz ehrenamtlicher Landrat und Kreisdirektor in Steinfurt sowie bis 1952 Ministerialdirigent im Düsseldorfer Innenministerium. Dort wirkte er als „einer der Väter der Landesverfassung“ (Grabe 2020, S. 326), zu der er 1950 eine kommentierte Fassung im Kohlhammer Verlag herausbrachte. Heimat und Kultur verpflichtet, schrieb er 1950: „Unsere Jugend marschiert Gottseidank nicht mehr, sie wandert wieder […] Die Ruinen aber, die nicht wiederaufzubauen sind, mögen unserem Volke eine Mahnung sein, sich nie wieder den Mächten der Dämonie zu verschreiben, die es in sein Verderben gezogen haben.“ (ebd., S. 3 u. 10)

Diese „Mächte“ waren 1933 in Büren angekommen – Vogels' Nachfolger von Solemacher-Antweiler, wie dieser Mitglied der katholischen Zentrumspartei, musste noch kurz vor der vorläufigen Pensionierung 1934 der NSDAP die Wewelsburg zur Einrichtung einer „Reichsführerschule SS“ zur, worauf er wohl bestand, symbolischen Miete übergeben. „Reichsführer SS“ Heinrich Himmler zeichnete seinerseits den Vertrag. 1939 wurde zunächst unterhalb der Burg mit dem Bau eines Konzentrationslagers begonnen, das 1940/1941 am Wewelsburger Ortsrand Niedernhagen errichtet wurde. Währenddessen war von Solemacher-Antweiler noch in verschiedenen Regierungsbezirken (Wiesbaden, Hannover und Koblenz) tätig, bis er mit nur 55 Jahren 1944 pensioniert wurde und noch vor Kriegsende am 12.01.1945 in Wiesbaden starb.

Sein Nachfolger in Büren und damit auch Kreisjugendamtsleiter wurde am 16.10.1934 der Diplom-Volkswirt Ferdinand Eickel (*1897, †1980). Bereits von 1923 an war Eickel Mitglied der NSDAP, von 1925 an auch Mitglied der SA. Während seiner Amtszeit wurde infolge des Gesetzes zur Änderung des Reichsjugendwohlfahrtsgesetzes von 1937 das Kollegialorgan Jugendamt aufgelöst und unter die alleinige Leitung des Landrates gestellt; beratende Beiräte waren möglich – in Büren setzte sich dieser laut Vermerk vom 21.07.1939 aus dem Kreiswohlfahrtsamtsleiter, dem Vormundschaftsrichter, einem Volksschullehrer, einer Volksschullehrerin, dem Kreisleiter der Nationalsozialistischen Volkswohlfahrt sowie einem Vertreter der Jugendorganisation HJ zusammen.

Nach 1945 war Eickel Geschäftsführer der Kreishandwerkerschaft Arnsberg und Mitglied der CDU. In dieser Zeit kehrte Alois Vogels zur Wiedereröffnung der Wewelsburg nochmals nach Büren zurück und wurde Ehrenvorsitzender des Vereins zur Erhaltung der Burg. In seiner Ansprache empfahl er „die Burg so auszubauen, dass sie der Jugend eine Herberge und eine politische Schulungsstätte in echt demokratischem Sinne würde. Weiter müsse die Burg als Nazimahnmal für ganz Nordrhein-Westfalen hergerichtet werden". (ebd.) Landrat war damals (bis 1954) der Zentrumspolitiker Franz Böhmer. Ihm folgten drei Landräte und Kreisdirektoren. Alois Vogels starb am 22.09.1964 in Düsseldorf.

Nach der Kreisreform 1975 übernahm Karl Singer die Leitung des nun in Paderborn ansässigen Kreisjugendamtes; ihm folgten Friedrich Degner und ab 2001 Hermann Hutsch. Seit 2016 ist Günther Uhrmeister Kreisjugendamtsleiter. Im heutigen Kreisjugendamt Paderborn waren im Jahr 2021 rund 90 Fachkräfte zzgl.

Amtsleitung tätig, davon rund 60 Sozialarbeiter:innen und Sozialpädagog:innen.

Weiterführende Weblinks:
www.kreis-paderborn.de
www.wewelsburg.de/de/kreismuseum-wewelsburg

Konrad Hansknecht

1915 Katholische Erziehungsanstalt Klausheide

Konrad Hansknecht wurde am 11.04.1867 in Röhre bei Sundern im Kreis Arnsberg geboren, erlernte zuerst das Sattlerhandwerk, bevor er 1892 in den Orden der Salvatorianer eintrat und 1899 Priester in Noto auf Sizilien wurde. Im selben Jahr wurde er in die schweizerische Erziehungsanstalt St. Nicolas in Drognens (Kanton Fribourg) berufen. Als die Patres mit Beginn des Ersten Weltkrieges die Anstalt verlassen mussten, übernahm er die Leitung des Kollegs in Klausheide nahe Paderborn und kehrte 1934 auf Bitten des schweizerischen Erziehungsrates ins Kanton Fribourg zurück, wo er 1939 starb. Pater Hansknecht wird als „frommer und selbstloser Priester" (Kanisiuswerk 1941, S. 91) beschrieben.

Dass Pater Hansknecht und sieben weitere Mitbrüder aus der Schweiz nach Paderborn kamen, ist dem Engagement des Paderborner Prälaten und späteren ersten Diözesan-Caritasvorsitzenden Christian Bartels (*1856, †1939) zu verdanken, der von deren Arbeit hörte und eine Erlaubnis beim damaligen preußischen Innenminister erwirkte. Bartels Plan: Wie die durch die Salvatorianer in der Schweiz handwerklich befähigten Fürsorgezöglinge, sollten hier schulentlassene Fürsorgezöglinge katholischer Anstalten „wie Siedler die sandigen Senne-Böden urbar machen“ (Liese 1995, S. 82 f.). So ließ er 1913 in der Klausheide zwischen Paderborn und Hövelhof Ödland erwerben und verpachtete es später an die Ordensleute. Die Kottenhäuser des früheren Klaushofes wurden als Schlaf- und Wohngelegenheit für die Ordensbrüder hergerichtet. Auch 125 Kriegsgefangene wurden, wie Liese (1995, S. 82) notiert, zur Kultivierung der Böden eingesetzt.

Mit kriegsbedingten Verzögerungen wird am 02.08.1915 die „Katholische Erziehungsanstalt Klausheide“ eröffnet. Bis 1916 wurden „80 gefährdete und verwahrloste Jugendliche“ (Schier 1977, S. 11) zwischen 14 und 21 Jahren aufgenommen und in Bäckerei, Gärtnerei und Landwirtschaft eingesetzt, was wiederum die Versorgung sicherte. Viele dieser jungen Menschen waren Kriegswaisen. 1919 kamen Ordensschwestern nach Klausheide. In den 1921 bis 1923 entstehenden Erweiterungsbauten wurden eine Klempnerei, Schlosserei, Schmiede, Schneiderei, Schuhmacherei eingerichtet; Ausbilder waren die Ordensbrüder.

Salvatorianer, Schweizer Vorläufer, gefährdete Jugendliche, handwerkliche Bildung

240 sogenannte schwer erziehbare Jungen waren damals in Klausheide untergebracht – nicht ohne eskalierende Konflikte im Umfeld, wie Liese (1995) aus den Lebenserinnerungen von Christian Bartels berichtet. Die Anstalt gerät, wie andere auch, Ende der 1920er-Jahre in kommunistischen Zeitungen in Kritik – der Bericht des Ruhrecho veranlasst Direktor Kon-

rad Hansknecht zur Strafanzeige, der ein Gerichtsprozess folgt, in dem sich unter anderem Landesrat Otto Schulze-Steinen (*1872, †1966) lobend über die Arbeit der Anstalt äußert. 1929 verfasst Konrad Hansknecht eine fünfzehnseitige Gegendarstellung zur „Hetze religionsfeindlicher Parteien und religionsfeindlicher Presse“ (Köster 1999, S. 206). Auf Basis der Schilderungen eines Fürsorgezöglings schreibt die in Bielefeld erscheinende Volkswacht 1930 von der „Zöglingshölle Klausheide“, worauf das Westfälische Volksblatt eine empörte Erwiderung und einen in höchsten Tönen lobenden Dementibrief des Zöglings druckt (Kuhlmann 1989, S. 31, 33).

1933 wird die Anstalt mit der Verpachtung an den Orden in Salvator-Kolleg umbenannt. Im Zweiten Weltkrieg diente das Kolleg als Lazarett; ältere Jugendliche wurden als Soldaten eingezogen. Nach dem Krieg nahmen Pater und Nichtordensleute die Arbeit wieder auf. In den 1950er- und 1960er-Jahren erlitten junge Menschen im Kolleg sexualisierte Gewalt und Misshandlung durch Ordensleute. Erst Jahrzehnte später kam dies ans Licht. Die Betroffenen konnten die Täter namentlich nennen, woraus im Kolleg deutlich wurde, dass ausschließlich dort beschäftigte Salvatorianer diese Taten begangen haben. Außerdem arbeiteten die Jugendlichen und jungen Erwachsenen in den Werkstätten unterbezahlt und nicht sozialversichert für regionale Unternehmen.

Die letzten Ordensleute verließen vor rund zwanzig Jahren das Kolleg. Seit 2004 wird die Einrichtung durch den Diplom-Sozialarbeiter Klaus Kruse geleitet, der dort seit 1990 als pädagogischer Leiter tätig ist. Noch heute gibt es zwölf Ausbildungsbereiche, in denen in zweiundzwanzig verschiedenen Berufen ausgebildet wird. Mehr als 170 Mitarbeiter:innen betreuen rund 120 männliche Jugendliche und junge Erwachsene unter anderem in intensiv-therapeutischen Settings. Der Träger der Einrichtung ist heute die „Jugendhilfe im Erzbistum Paderborn gGmbH".

Weiterführender Weblink:
www.salvator-kolleg.de

12

Elisabeth und Anna Zillken

1917: Westfälische Wohlfahrtsschule

Elisabeth Zillken (oberes Bild) wurde am 08.07.1888 in Wallerfangen/Saar geboren und erwarb 1910 in Köln das Diplom als Handelslehrerin. Darauf arbeitete sie zunächst an kaufmännischen Unterrichtsanstalten und in der Pflegekinderaufsicht. Während des Ersten Weltkrieges engagierte sie sich in der Kriegsfürsorge und war von 1916 bis 1958 Generalsekretärin und (nach dem Tod von Agnes Neuhaus) 1944 bis 1971 Vorsitzende des Katholischen Fürsorgevereins für Mädchen, Frauen und Kinder (seit 1968: Sozialdienst kath. Frauen, SkF). Von 1919 bis 1933 und 1946 bis 1964 war sie Ratsfrau in Dortmund und 1930 bis 1933 für die Zentrumspartei Mitglied des Reichstages. Ab den 1920er-Jahren wirkte sie in zahlreichen Kommissionen und Verbänden u.a. zum Jugend- und Fürsorgerecht;

nach dem Zweiten Weltkrieg war sie Gründungsmitglied der CDU in Dortmund, bis 1958 deren stellvertretende Landesvorsitzende sowie ernanntes Mitglied des Nordrhein-Westfälischen Landtages. Von 1946 bis 1971 war sie u. a. Vizepräsidentin des Deutschen Caritasverbandes und ähnlich lang Vorstandsmitglied im Deutschen Verein für private und öffentliche Fürsorge. Sie arbeitete in der Union Catholique Internationale de Service Sociale mit, war im Vorstand des Berufsverbandes katholischer Sozialbeamtinnen und der Josephs-Gesellschaft. In der Debatte um § 218 setzte sie sich für Prävention statt Strafe ein. Am 28.11.1980 starb Elisabeth Zillken in Dortmund.

Ihre Schwester Dr. Anna Zillken (unteres Bild), geboren 17.07.1898 in Wallerfangen/Saar, gestorben 12.02.1966 in Dortmund, übernahm 1928 die Leitung der Schule. Zuvor studierte sie Rechts- und Sozialwissenschaften in Köln und Berlin; 1925 promovierte sie an der wirtschafts- und sozialwissenschaftlichen Fakultät in Köln. Erste berufliche Stationen waren u. a. Sekretärin der Reichstagsabgeordneten Agnes Neuhaus, praktische Tätigkeit im Kath. Fürsorgeverein und Dozentin an der Städt. Sozialen Frauenschule in Mannheim. Neben ihrer Anstellung als Oberstudiendirektorin an der Westfälischen Wohlfahrtsschule war sie u. a. Vorstandsmitglied der deutschen Wohlfahrtsschulen sowie des Allgemeinen Fürsorgeerziehungstages (AFET) und Leiterin der AG kath. westfälischer Erziehungsheime. Sie formulierte Ausbildungs- und Prüfungsstandards der Fürsorge- und Sozialarbeiterausbildung mit

Sozial- und Berufspolitikerinnen, Fürsorgeausbildung im Katholischen Fürsorgeverein, Westfälische Wohlfahrtsschule.

und setzte sich für die Vermittlung wissenschaftlicher Grundlagen als Basis für praktische Arbeit ein. Wie ihre Schwester Elisabeth erhielt sie für ihr Wirken den Orden „Pro Ecclesia et Pontifice“ und das Bundesverdienstkreuz.

Ausgehend von der Initiative Agnes Neuhaus’ wurden bereits 1902 am Sitz des „Katholischen Fürsorgevereins für Mädchen, Frauen und Kinder“ in Dortmund Schulungen für ehrenamtliche Mitarbeiterinnen durchgeführt. Ab 1910, so findet sich notiert, werden auch hauptberufliche Fürsorgerinnen ausgebildet. Bis 1917, als Elisabeth Zillken die Leitung übernimmt, werden 58 Absolventinnen und weitere zehn Jahre darauf weitere 175 Absolventinnen der zunächst ein-, später dann zweijährigen Ausbildungskurse berichtet. Sie werden nicht nur im Kath. Fürsorgeverein selbst, sondern u. a. auch in der behördlichen Fürsorgearbeit, in der Polizei- und der Gefährdetenfürsorge tätig. Von 1924 bis 1928 leitete Dr. Anna Hesse (*1891, †?) die Fürsorgeschule, die als Lehrerin der Höheren Mädchenschule und am Realgymnasium und als geschulte Ausbilderin für Jugend- und Wohlfahrtspflege 1924 zur Bremer Altenfürsorge promovierte.

Am 27.04.1927 erlangt die Fürsorgerinnenschule die staatliche Anerkennung und trug ab da den Namen „Westfälische Wohlfahrtsschule“. Die Abteilung Münster bildet mit den Schwerpunkten „Gesundheitsfürsorge“ und „Wirtschafts- und Berufsfürsorge“ aus, die Abteilung Dortmund mit dem Schwerpunkt „Jugendwohlfahrtspflege“. Dies war insoweit ein Novum, da die Standards der Konferenz der sozialen Frauenschulen schon damals eine generalisierte Ausbildung für alle Arbeitsfelder mit erst nach Abschluss einsetzender Spezialisierung vorsahen.

Nach der Machtübernahme der Nationalsozialisten trägt die Schule ab 1934 den Namen „Westfälische Frauenschule für Volkspflege". Am 17.07.1941 wird die Schließung der Schule und wenig später die Übergabe an die Nationalsozialistische Volkswohlfahrt (NSV) angeordnet. Den Schwestern Zillken gelingt es, den Schulbetrieb aufrechtzuerhalten. In ihren Lebenserinnerungen berichtet Elisabeth Zillken: „Die Geheime Staatspolizei überwachte uns; sie verbot den Jugendämtern, uns zur Arbeit heranzuziehen, sie verbot uns die Adoptionsvermittlung und die Arbeit in den Gefängnissen. […] Die Arbeit in den Gefängnissen haben wir trotzdem weitergeführt, weil sie von nationalsozialistischer Seite niemand tat. […] Wir mußten uns manche Hausdurchsuchung und Aktenbeschlagnahme gefallen lassen. Ich mußte mich jeden Monat bei der Geheimen Staatspolizei in Dortmund-Hörde melden. Auch die Schule hatte erhebliche Schwierigkeiten. 1944 wurde Haftbefehl gegen mich erlassen, der aber wegen merkwürdiger Verkettungen nicht durchgeführt werden konnte." (ebd. 1981, S. 5–13).

Mit der Bombardierung Dortmunds 1943 stellen die Salzkottener Franziskanerinnen der Schule Räumlichkeiten zur Verfügung. Am 21.08.1945 erlaubt die britische Militärregierung die Wiedereröffnung der Schule. 1949 kehrt man aus Salzkotten nach Dortmund zurück; in Münster ist man zunächst am Domplatz ansässig. 1954 werden aus den beiden Abteilungen selbstständige Wohlfahrtsschulen. In Münster kann zudem auf die seit 1917 bestehende Säuglingspflegeschule des Fürsorgevereins aufgebaut werden. 1958 werden in Dortmund 58 „Studierende" gezählt und „zu Ostern bestehen alle 30 Studierende die staatl. Prüfung" – „von ihnen sind […] 15 beim Kath. Fürsorgeverein tätig, 3 in kath. Erziehungsheimen […], 10 arbeiten zunächst praktisch bei Behörden, darunter 4 evangelische Absolventinnen“ ([illegible] des kath. Fürsorgevereins 1958, S. 93 f.)

1959 erhalten beide Wohlfahrtsschulen den Status einer „Höheren Fachschule für Sozialarbeit“; die Ausbildung wird auf drei Jahre verlängert. Am 01.06.1962 übernimmt Dr. Gertrud Weingarten (*?, †1998) die Leitung der Dortmunder Schule von Dr. Anna Zillken. Nach deren Tod erhält die Schule am 01.08.1966 den Namen „Anna-Zillken-Schule“. Ab 1967 (Münster) bzw. 1968 (Dortmund) werden auch Männer an den Schulen aufgenommen. Nach Beschluss der nordrhein-westfälischen (Erz-)Bischöfe, am jeweiligen Bischofssitz Fachhochschulen zu gründen, geht 1971 die seit 1957 an der Piusallee ansässige Münsteraner Wohlfahrtsschule in die Kath. Fachhochschule (KFH), Abteilung Münster, über. Die Dortmunder Wohlfahrtsschule wird 1971 für zwei Jahre Dependance der KFH-Abteilung Paderborn. Bis 2004 wird am heutigen Anna-Zillken-Berufskolleg als einziger Fachschulstandort in Deutschland der Ausbildungsgang zur staatlich anerkannten Sozialarbeiterin / zum staatlich anerkannten Sozialarbeiter angeboten.

Selbstbewusst spricht man dort – wie an vielen Berufskollegs – bis heute von „Studierenden“.

Weiterführender Weblink:
www.anna-zillken-berufskolleg.de

Otto Plassmann

1918 Jugendamt der Stadt Paderborn

Otto Plassmann wurde am 25.04.1861 in Arnsberg geboren. Plassmann ist Assessor und Beigeordneter der Stadt Münster, als er sich 1895 auf die Stelle des hauptamtlichen Bürgermeisters der Stadt Paderborn bewirbt. Ab 1912 ist er bis zum Ende seiner Amtszeit 1919 Oberbürgermeister der Stadt.

Von 1896 an vertrat er als geborenes Mitglied des Kreistages den Kreis Paderborn im Kuratorium des Landeshospitals in Marsberg. Plassmann, ausgesprochen verhandlungssicher, ist das, was man heute einen Innovator nennen würde: Er setzt sich erfolgreich für den Bau von Ozon-Wasserwerken mit damit einhergehender hygienesichernder Wasserversorgung (1902), im Eisenbahnstreckenbau und für die Gründung der Paderborner Elektrizitätswerk- und Straßenbahn AG (1909) ein. Plassmann wird 1931 Ehrenbürger der Stadt Paderborn und stirbt am 16.06.1932 in Emden.

Auf Beschluss des Magistrats der Stadt Paderborn wird am 01.04.1918 eine „gemischte Deputation“ mit der Bezeichnung „Jugendamt der Stadt Paderborn“ zur „Fürsorge für die hilfsbedürftigen Jugendlichen und zur Förderung aller Bestrebungen, welche zum Schutz und der Pflege der Kinder und der schulpflichtigen und schulentlassenen Jugend dienend" eingerichtet. Diesem Gremium stand ein „Vorsitzender" als Vertreter des Magistrats der Stadt Paderborn vor.

Sogenannte geborene Mitglieder des Ausschusses waren „der Kreisschulinspektor, der Kreisarzt, sämtliche Pfarrer der hiesigen katholischen und evangelischen Gemeinden sowie der israelitische Kultusbeamte" (Magistrat der Stadt Paderborn 1918). Zudem gab es mindestens sechzehn von der Stadtverordnetenversammlung auf sechs Jahre hin gewählte Mitglieder: „fünf Lehrer und drei Lehrerinnen, ein Arzt, je ein Vertreter oder je eine Vertreterin der hier bestehenden Jugendfürsorge dienenden Vereine sowie sechs andere in der Jugendfürsorge bewährte Männer und Frauen" (ebd.). Vier Ausschüsse werden gebildet – im Jahr 1919 beriet der „Ausschuss für Jugendschutz" 32 Anträge auf Fürsorgeerziehung. 1921 wird ein nebenamtlicher Jugendpfleger zur Unterstützung der 22 Jugendvereinigungen im Stadtgebiet angestellt.

„Gemischte Deputation Jugendamt der Stadt Paderborn", Wohlfahrtsamt, Armenhilfe, Fürsorgeausschüsse

Bereits 1868 hatte die Stadt Paderborn eine kommunale Armenpflege eingerichtet und ein Jahr später eine erste „städtische Armenkommission" gebildet (Bergmann 1981). Diese setzte sich aus dem Oberbürgermeister, vier Pfarrern, den Vorstehern der Armenbezirke und sechs Bürgern zusammen (Drüke ca. 1955). Pflegebedürftige Menschen wurden im Armenhaus und im Johannisstift aufgenommen, Kranke im Landeshospital, Vincenz- und Brüderkrankenhaus. Pflegeeltern wurden durch den Armenpfleger, aber auch durch Geistliche oder Ärzte der Armenkommission persönlich überprüft.

Schon Ende des ersten Jahrzehnts des 20. Jahrhunderts – eine Dienststelle für das Armenwesen wird 1910 eingerichtet und 1911 wird das Armenbüro auch für jugendamtliche Aufgaben zuständig – rückten die Jugendfürsorge und Jugendpflege mehr und mehr in die gesellschaftspolitische Aufmerksamkeit, wie der Paderborner Wohlfahrtsamtsleiter Josef Drüke (*1897, †1971) in seiner undatierten, ca. 1955 erschienenen Chronik berichtet. Überall im Deutschen Reich entstehen Jugendämter, denn das Reichsjugendwohlfahrtsgesetz von 1922 (als Vorläufer des heutigen SGB VIII) sieht ab Inkrafttreten zum 01.04.1924 solche Ämter vor.

Laut einer von Bergmann (1981) zitierten Verfügung wird das Stadtjugendamt ab 1937 dem Zweiten Bürgermeister Andreas de Voys (*1886, †1973) zugeordnet und im Wohlfahrtsamt unter der Leitung des Stadtinspektors und späteren Stadtamtmannes Josef Drüke eingegliedert. De Voys ist es dann auch, der 1933 das Amt des seit 1919 amtierenden Bürgermeisters und Verwaltungsjuristen Philipp Haerten (*1869, †1942) übernimmt, als letzterer im Zuge der Machtübernahme der NSDAP ausscheidet. Auch unter den Bürgermeistern Kurt Nobelmann und Heinz Rudolf Kosiek (beide NSDAP) bleibt er Zweiter Bürgermeister und vertritt ab 1941 geschäftsführend Bürgermeister Kosiek während dessen Kriegseinsatz.

Kosiek (*1902, †1991), bereits seit den 1920er-Jahren Mitglied der NSDAP, SA-Truppführer und 1925 bis 1932 Ortsgruppenleiter in Herford, dort 1933 bis 1938 Zweiter Bürgermeister, wird nach dem Krieg als „Mitläufer“, später gar als „entlastet“ eingestuft und dann 1950 Kreisgeschäftsführer der FDP in Höxter und OWL-Bezirksstellenleiter (vgl. Stelberg 2003, S. 162 f.). Josef Drüke, so lässt es sich anhand von Akten des Stadt- und Kreisarchivs nachvollziehen, war seit 1933 NSDAP- und SA-Mitglied und wird 1945 zunächst entlassen, bis 1947 antisemitisches Handeln und Eigentumswegnahme im Zuge der Deportation von Paderborner Bürger:innen zu Protokoll gegeben werden, die Drüke in seiner Stellungnahme bestritt und die mit seiner Wiedereinstellung verworfen werden. Er übernimmt erneut die Leitung des Fürsorge-, später Sozialamtes und leitet dieses bis zu seiner Pensionierung 1962.

Wie Bergmann (1981) notiert, waren 1950 bei der Stadt Paderborn fünf Mitarbeiter:innen für jugendamtliche Aufgaben beschäftigt, davon zwei Fürsorgerinnen. Nach dem Gesetz zur Änderung der Vorschriften des Reichsjugendwohlfahrtsgesetzes vom 28.08.1953 wird in der Ratsversammlung am 08.04.1954 die Wiedereinrichtung eines städtischen Jugendamtes beschlossen. Die konstituierende Sitzung des Jugendwohlfahrtsausschusses findet am 29.05.1954 statt, das Jugendamt selbst bleibt bis 11.06.1955 Teil des Sozialamtes. Erster Jugendamtsleiter wurde im August 1955 Stadtoberinspektor Josef Schäfers. Vier Amtsleiter folgen, darunter Heinrich (Heinz) Bergmann (1980–1998). Seit 2002 wird das Stadtjugendamt von der Dipl.-Sozialarbeiterin und Dipl.-Supervisorin Petra Erger geleitet. Dem Jugendamt sind heute über 900 Mitarbeiter:innen zugeordnet.

Davon sind über 700 Mitarbeiter:innen in Kindertageseinrichtungen und rund 200 Mitarbeiter:innen in den verschiedenen Aufgaben des Jugendamtes vom Allgemeinen Sozialen Dienst über Pflegekinderdienst, Adoptionsvermittlung, Amtsvormundschaften, Jugendgerichtshilfe, Schulsozialarbeit, Offene Jugendarbeit bis hin zu Frühen Hilfen, Bildungsbüro Kind & Ko, Jugendhilfeplanung, Kinder- und Jugendbüro sowie Betreuungsstelle tätig

Weiterführender Weblink:
www.paderborn.de/microsite/jugendamt/index.php

14

Siegfried Pickert

1931 Heilerziehungs- und Erholungsheim Schloss Hamborn e.V.

Siegfried Pickert wurde am 03.06.1898 geboren. Er wuchs als viertes von sechs Kindern im damals schlesischen Glogau (heute Głogów, Polen) auf. Seine Familie war deutschnational orientiert und der Vater war Militärpfarrer. Siegfried Pickerts Kindheit war, so berichtet Denger (o. J.), von konfessioneller Enge geprägt. Nach dem Notabitur 1916 zog es Pickert als Soldat in den Krieg, zu dem er, beseelt von der Wandervogelbewegung, „enthusiastisch losgezogen" (Selg 2004, S. 20) sei. Das Lazarett setzte dem ein jähes Ende. So nahm Pickert zunächst in Posen ein Studium der Germanistik, Geschichte, Philosophie und Pädagogik auf, bevor er nach Jena wechselte und dort außerdem Geografie studierte sowie Vorlesungen im Bereich Psychiatrie belegte. Dort in Jena begegnete er Franz Löffler (*1895, †1956) und Albrecht Strohschein (*1899, †1962), welche ihn auf seinem Weg zur Anthroposophie lange Zeit begleiten sollten.

Gemeinsam widmeten sich die drei dem Studium der Anthroposophie Rudolf Steiners und trafen diesen 1921 im Rahmen eines Hochschulkurses in Stuttgart erstmalig. Wie Pickert später schilderte, habe er dieses Treffen als eindrücklich und inspirierend erlebt. Pickert sah die Anthroposophie und die 1919 gegründete erste Waldorfschule als Möglichkeit zur „Veränderung der materialistisch geprägten und zunehmend technischen Zivilisation" (Selg 2004, S. 27) und damit in der Lage, Teil einer neuen heilenden Pädagogik zu sein. 1921 wechselte Siegfried Pickert studienbedingt nach Berlin und besuchte dort weitere Hochschulkurse bei Rudolf Steiner. Als 1922 das Goetheanum im schweizerischen Dornach durch Brandstiftung zerstört wurde, brach er sein universitäres Studium bewusst ab und ging dorthin, um weitere Kurse in Anthroposophie zu belegen.

Ab Oktober 1923 ging Pickert einer Tätigkeit als anthroposophischer Heilpädagoge am Jugendsanatorium Sophienhöhe in Jena nach. Dort war er in einer Abteilung für „Kinder, die man ganz aufgegeben hatte" (Selg 2004: 32) beschäftigt, was Pickert, so Selg (2004) als „glücklichen Ausgangspunkt" sah, denn „es konnte da eigentlich nur besser werden" (ebd., S. 32 f.). Später wurden auch Franz Löffler und Albert Strohschein an der Sophienhöhe tätig. Die universitär geführte Klinik löste sich jedoch zunehmend von der Anthroposophie und so gründeten Pickert, Löffler und Strohschein gemeinsam mit Ilse Knauer (*1893, †1981) und Werner Pache (*1903, †1958), abgestimmt mit Rudolf Steiner, 1924 auf dem Berg Lauenstein bei Jena das „Lauenstein – Heil- und Erziehungsinstitut für seelenpflege-bedürftige Kinder". Die Jenaer Ärztin Dr. Ilse Knauer wurde offizielle Leiterin.

Pache wird später den von Dr. Ita Wegman (*1876, †1943) gegründeten Sonnenhof, ein heilpädagogisches Heim für geistig behinderte Kinder in Arlesheim (Schweiz, nahe Basel; heute Internat und Einrichtung für Menschen mit Behinderungen) leiten. Hier hatte die Ärztin Ita Wegman als enge Wegbegleiterin Rudolf Steiners und Begründerin der anthroposophischen Medizin 1921 eine Klinik eröffnet, die ebenfalls bis heute besteht. Steiner selbst besuchte „den Lauenstein" am 18.06.1924. Er beschäftigte sich dort mit Schicksal und Behandlung der einzelnen Kinder und gab Hinweise zur weiteren pädagogischen Arbeit. Ein Jahr später heiratete Siegfried Pickert Helene Weiß, mit der er auf dem Lauenstein und im späteren Landschulheim in Borchen eng zusammenarbeitet.

1931 bezog Siegfried Pickert gemeinsam mit Erbprinz Georg Moritz von Sachsen-Altenburg und einer Gruppe der auf Lauenstein betreuten Kinder das Schloss Hamborn in der Gemeinde Borchen bei Paderborn. Es entstand das „Heilerziehungs- und Erholungsheim Schloss Hamborn e. V.", zu dessen Eröffnung an Pfingsten 1932 alle Wegbegleitenden Pickerts kamen. Die Finanzierung erfolgte über Kontakte Ita Wegmans aus der Schweiz.

Die NS-Zeit brachte Kinder und Erwachsene zunehmend in Lebensgefahr: Im Herbst 1935 wurde eine Schließung binnen dreier Wochen verfügt. Georg Moritz lässt das Anwesen auf seinen international bekannten Namen überschreiben und übernimmt den landwirtschaftlichen Bereich. 1939 wurde durch das Paderborner Gesundheitsamt eine Belegung von fünfunddreißig Betten gemeldet und als die zeitweise Protektion der Anthroposophie bei Hitlers Stellvertreter Rudolf Heß (*1894, †1987) durch dessen Inhaftnahme in Großbritannien endete, sollten im Juni 1941 Deportationen beginnen. Da war das Heilinstitut jedoch bereits durch die Gestapo geschlossen worden. Der Großteil der Kinder lebte wieder bei ihren Eltern, einige wenige wurden in den Gebäuden der Gärtnerei weiter betreut. Diese gehörten rechtlich nicht zum Gelände dazu und so waren sie, wie van der Locht (2019, S. 88 f.) notiert, von der Gefahr der Deportation nicht mehr betroffen. Das Schloss wurde fortan als Mutter-Kind-Heim der Nationalsozialistischen Volkswohlfahrt genutzt.

Pickert selbst wurde zur Wehrmacht eingezogen und diente bis 1945 als Unteroffizier, dann als Feldwebel. Georg Moritz von Sachsen-Altenburg wurde gemeinsam mit dem Gutsverwalter Adolf Ammerschläger (*1902, †1944) verhaftet. Nachdem beide über neun Monate in Haft verbrachten, wurde Ammerschläger zum Kriegsdienst als Sanitäter gezwungen und kam nach zwei Jahren in Russland zu Tode (vgl. Richter/Kretschmer 2021).

Nach dem Zweiten Weltkrieg erfolgte die Rückgabe der Schule durch das britische Militär und 1946 wurden durch Georg Moritz und Siegfried Pickert in Schloss Hamborn eine Waldorfschule und ein Landschulheim gegründet. In den folgenden Jahren wuchs „Hamborn“, wie man so sagt, stetig und umfasst heute neben Waldorfschule und Landschulheim mit Angeboten der Kinder- und Jugendhilfe ein Berufskolleg, eine Rehaklinik, ein Altenwerk, einen Kindergarten, Kompetenzförderung zur individuellen Entwicklung und beruflichen Integration, einen Reitstall, einen Schülerbauernhof sowie das landwirtschaftliche Hofgut und Bio-Manufaktur inklusive Hofladen. Bis heute ist Schloss Hamborn der größte Arbeitgeber der Gemeinde Borchen und im Besitz eines gemeinnützigen Vereins, heute unter dem Namen „Schloss Hamborn Rudolf Steiner Werkgemeinschaft“.

Siegfried Pickert war bis 1968 Leiter des anthroposophischen Zentrums und bis 1985 als Lehrer der Schule sowie als Lektor der Freien Hochschule für Geisteswissenschaften am Goetheanum in Dornach tätig. 1998 wurde er mit dem Bundesverdienstkreuz geehrt. Am 13.02.1991 verstarb Georg Moritz, der wie Pickert bis 1968 im Vorstand des Vereins tätig war, in Rendsburg. Pickert überlebte ihn um eine Dekade und starb am 12.03.2002 im Alter von 103 Jahren in Borchen. Im hessischen Herbstein ist eine Fachschule nach Siegfried Pickert benannt.

Weiterführender Weblink:
www.schlosshamborn.de

15

Elisabeth Feith

1935 Suchtkrankenfürsorge

Elisabeth Feith wurde am 1. April 1905 in Paderborn geboren. Ihre Eltern waren 1902 von Köln nach Paderborn gezogen. Sie wuchs in einem wohlhabenden, liebevollen Elternhaus auf und war das zweite von fünf Kindern.

Der Vater hatte in Paderborn eine bekannte Orgelbaufirma übernommen, die bis heute unter Nachfolgernamen besteht. Elisabeth Feith besuchte, wie ihre zwei Schwestern, eine Seminarschule für Lehrerinnen. Eigentlich wollte sie einen sozialen Beruf ergreifen, unterstützte aber den Haushalt der Familie und arbeitete, als der Vater an Krebs starb, über Jahre im Büro des Familienbetriebs, den der älteste Bruder Anton übernommen hatte und zu internationalem Renommee führte – u.a. im Dom zu Paderborn wurde eine elektrische Orgel eingebaut, die bei der Bombardierung Paderborns 1945 zerstört wurde. Ihren eigentlichen Plan, eine Fürsorgerinnenausbildung an der Westfälischen Wohlfahrtsschule zu beginnen, gab sie auf, als ihr 1935 Anna Zillken vorschlug, die Jugendfürsorge an der Paderborner Dompfarrei zu übernehmen. Dem persönlichen Interview mit Elisabeth Feith durch Sibilla Pelke (1998) ist zu entnehmen, dass sie dem wohl folgte: Am Abend des 22.04.1945 war sie mit einer Mädchengruppe im Dom, als Luftminen britischer Bomber fielen und die Mädchen töteten oder schwer verletzten.

Im Jahr 1935, am selben Tag wie Zillken, trat der damalige Diözesan-Caritasdirektor Dr. Rudolf Dietrich an Elisabeth Feith heran – der Deutsche Caritasverband hatte dazu aufgefordert, in jeder Diözese eine „Trinkerfürsorge“ einzurichten. Feith, so Dietrichs Bitte, möge sich dem widmen. Sie sagte zu und konnte in Münster Einblick in die dortige Praxis gewinnen. Die dortige Leiterin sagte ihr: „Wenn man den Pudel ins Wasser wirft, schwimmt er. Jetzt werfen wir Sie in die Pader. Sie gehen nach Paderborn und fangen an.“ (Pelke 1998, S. 13).

Elisabeth Feith nahm die Herausforderung an und besuchte Vorbereitungskurse des Deutschen Caritasverbandes in Freiburg. Ihr bescheidenes Büro im Caritasverband verfügte über einen Schreibtisch, einen kleinen Aktenschrank und eine Schreibmaschine. Klienten gab es zunächst keine. So knüpfte sie Kontakte zu den karitativen Verbänden, Behörden, alkoholgegnerischen Vereinen und vielen mehr. Später gehörten viele Hausbesuche und Kontaktgespräche außerhalb der Dienststelle zu ihrer Arbeit. Vorgaben des NS-Regimes, Alkoholismus anzuzeigen und in Herkunftsfamilien zu dokumentieren, versuchte sie, so wird berichtet, zum Schutz ihrer Klient:innen diplomatisch auszuweichen. Als der Caritasdirektor Dietrich von der Gestapo verhaftet wurde, setzte sie sich für ihn ein. Ende der 1930er-Jahre nahm

> Begründerin der Suchtkrankenfürsorge, Jugendpflege, Fürsorge-Autodidaktin

sie auf Anfrage der Gesundheitsbehörden in Büren, Warburg und Höxter dort vor Ort Außensprechstunden wahr.

Nach der Zerstörung des Caritasgebäudes durch das Bombardement Paderborns zum Ende des Zweiten Weltkrieges arbeitete sie zunächst in einem ihr von einer ehrenamtlichen Caritasmitarbeiterin zur Verfügung gestellten Privathaus weiter. Sie benannte ihr Arbeitsgebiet selbst in „Suchtkrankenfürsorge" um, da sie „Trinkerfürsorge" unangemessen fand. Nach einer durchstandenen schweren Erkrankung wurde sie 1948 „Diözesanreferentin für Suchtkrankenfürsorge in der Erzdiözese Paderborn".

In den Folgejahren gründete sie mit anderen die erste katholische Frauenheilstätte in Hennef und war 1963 Mitgründerin der „Bischöflichen Hauptstelle zur Abwehr von Suchtgefahren" in Hamm. Sie beteiligte sich am Aufbau der „Kreuzbund"-Arbeit und wirkte dort von 1946 bis 1949 und 1971 bis 1974 im Bundesausschuss mit. Über viele Jahre war Elisabeth Feith allein als einzige Angestellte in der Suchtkrankenhilfe tätig. Von 1967 bis 1971 pflegte sie zusätzlich ihre Mutter – eine für Elisabeth Feith selbstverständliche Aufgabe, die sie letztlich an ihre gesundheitlichen Grenzen brachte und veranlasste, selbst für sich Hilfe in Anspruch zu nehmen, wie sie rückblickend im Gespräch mit Sibilla Pelke (ebd.) berichtet.

Auf ihre Initiative hin wurden die ersten nordwestdeutschen Fürsorgetreffen in der Suchtkrankenhilfe ins Leben gerufen. Sie setzte sich für ein Übergangswohnheim für abstinente Fachklinikentlassene ein, das 1973 als, so heißt es, erste sozialtherapeutische Einrichtung dieser Art deutschlandweit in der Rosenstraße in Paderborn eingeweiht wird. 1971 zog die Suchtberatungsstelle am Rathausplatz 11 ein, wo Elisabeth Feith noch bis 1977 als Leitung arbeitete, ehe sie in den Ruhestand ging.

Auch danach war Elisabeth Feith dem Verein eng verbunden. Sie begleitete über fast fünfundzwanzig Jahre Besinnungswochen für „Trinkerfrauen“, in denen sie Referate hielt und Einzelgespräche führte. Ihr Engagement weit über Paderborn hinaus machte sie zu einer geachteten Persönlichkeit: 1957 erhielt sie für ihre zwanzigjährige erfolgreiche Arbeit die Ehrenurkunde des Deutschen Caritasverbandes und 1967 wurde ihr das Goldene Kreuz des Deutschen Caritasverbandes verliehen. 1975 wurde sie mit dem päpstlichen Orden „Pro Ecclesia et Pontifice“ ausgezeichnet. Elisabeth Feith starb am 20.01.1998 in Paderborn.

1999 fand die Übernahme der Trägerschaft durch den Caritasverband Paderborn e. V. statt. Der Diplom-Sozialarbeiter und Familientherapeut Friedhelm Hake war deren erster Leiter. Heute existieren neben der Hauptstelle im Ükern 13 Sprechzeiten in Büren, Delbrück und Bad Lippspringe. Heute sind 35 Fachkräfte der Sozialen Arbeit in der Suchtkrankenhilfe des Caritasverbandes Paderborn e. V. beschäftigt. Ein breites beraterisches und mobiles Angebot in Kooperation mit außenstehenden Trägern, Polizei und Schulen richtet sich an junge und erwachsene Menschen.

Weiterführender Weblink:
www.caritas-pb.de/sucht-integration-hilfen/suchtberatung-praevention/suchtkrankenhilfe

16

Ellen Scheuner

1942 Fürsorgeerziehungsbehörde Westfalen (FEB)

Dr. Ellen Scheuner wurde am 18.04.1901 in Düsseldorf geboren. Sie stammte aus einem aufgeklärten protestantischen Elternhaus. Ihr Vater war preußischer Regierungsrat, ihr Bruder Ulrich wurde nach dem Zweiten Weltkrieg ein bedeutender Staatsrechtler, der unter anderem die Bundesregierung unter Bundeskanzler Konrad Adenauer (*1876, †1967) beriet. Nach dem Abitur in Münster legte Ellen Scheuner 1921 das Lehrerinnenexamen in Münster ab, studierte neben ihrer 1923 abgeschlossenen Ausbildung zur Wohlfahrtspflegerin an der Westfälischen Wohlfahrtsschule in Münster an der dortigen Universität Jura und Volkswirtschaftslehre mit Abschluss als Diplom-Volkswirtin. 1926 promovierte sie an der juristischen Fakultät und 1927 wurde sie Referentin für Gefährdeten- und Gefangenenfürsorge bei der Inneren Mission in Berlin und publizierte eine Monografie zur Gefährdetenfürsorge, welche „rasch zum Standardwerk avanciert" (Köster 1999, S. 90). 1930 wurde sie Referentin im Landesjugendamt Hannover und dort, mit Unterstützung durch den hannoverschen Landeshauptmann Ludwig Geßner (*1886, †1958) auch Provinzialverwaltungsrätin.

Nach „scharfen sachlichen Differenzen“ (Hartmann 1949) mit Hitler-Jugend-Funktionär Paul Conrad (*1908, †?), der auf stärkere Entkonfessionalisierung und Einbeziehung der Hitler-Jugend in der Jugendhilfe drängte, wurde sie zum Landesfürsorgeverband versetzt. 1942 wurde Dr. Ellen Scheuner Provinzialoberverwaltungsrätin in der Fürsorgeerziehungsbehörde Westfalen (FEB). Neben dieser stand das 1924 reichsweit eingeführte Landesjugendamt. Erster Leiter war der promovierte Psychologe Dr. Josef Weber (*1886, †1972), dem der seit 1903 amtierende Landesrat und promovierte Jurist Otto Schulze-Steinen vorgesetzt war. Ihm folgten 1933 der nationalsozialistische Karrierebeamte Leopold Bubenzer (*1897, †1945), der 1939 auch Landesrat wurde, und dann (Bubenzer war im Kriegseinsatz) Dr. Ellen Scheuner – denn Landeshauptmann Karl-Friedrich Kolbow (*1899, †1945), Förderer Bubenzers, sah die Behörde mangels eigener Anstalten „zur Zeit ganz und gar“ (Kolbow 1942a) auf konfessionelle Träger angewiesen. In der preußischen Provinz Westfalen war das Landesjugendamt ein Gremium bestehend aus vier (vorwiegend in der FEB) beamteten Mitgliedern und zwanzig nicht beamteten Personen aus kirchlichen, politischen oder schulischen Positionen und trat einmal jährlich als Vollversammlung und als Jugendpflege- bzw. Jugendfürsorgeausschuss zusammen.

Wohlfahrtspflegerin, erste Landesrätin und Leiterin des westfälischen Landesjugendamtes, Vertreterin konservativ-autoritärer Fürsorgeerziehung und des Jugendschutzes

Mit der Novelle des Reichsjugendwohlfahrtsgesetzes 1939 wurde das „Kollegialprinzip“ zugunsten des „Führerprinzips“ aufgelöst: Die Leitung der Gebietskörperschaft umfasste die des Landesjugendamts und dort delegierte man an leitende Provinzialbeamte. Erwartet wurde – 1943 im Erlass erneut bekräftigt –, dass diese HJ-Führer (also auch: Männer) sind. Doch der amtierende Landesrat Otto Schulze-Steinmann, Verfechter des Vorrangs freier Jugendhilfe und „Anwalt der freien Jugendhilfeträger“ (Köster 1999, S. 76), setzte auf fachliche Kompetenz, über die die mit „enormem Arbeitspensum und Organisationstalent“ (ebd., S. 91) in Hannover tätige Referentin Scheuner verfügte. Landeshauptmann Kolbow ließ sich bestätigen, dass Scheuner als „politisch zuverlässig“ (Kolbow 1942v) galt. Kolbow, ein Nationalsozialist der ersten Stunde, selbst war verantwortlich für Umsetzung der Euthanasie in Westfalen.

Auch wenn Ellen Scheuner nach NSDAP-Doktrin formal das Landesjugendamt nicht leiten durfte – faktisch tat sie es. Wie Kuhlmann (1989) aus einem 1985 mit Dr. Scheuner geführten Interview ausführt, konnte auch angesichts der Bombenangriffe auf das Ruhrgebiet und der propagandawirksamen Kinderlandverschickung nicht auf sie verzichtet werden. Scheuner berichtet dort, das Landesjugendamt Westfalen habe zum Ende der NS-Zeit Kinder aus Sinti- und Roma-Familien aus der Fürsorgeerziehung herausgeholt und bei katholischen Bauersfamilien im Sauerland untergebracht, um sie vor der Deportation zu schützen.

Nach Kriegsende verzögerte sich ihre Beförderung zur Landesrätin bis 1954. Sie fand zahlreiche Fürsprecher. Für das Warburger Damianeum bestätigte Diözesan-Caritasdirektor Dr. Dietrich im Entnazifizierungsverfahren Scheuners, dass diese durch schleppende Bearbeitung kriminalpolizeilicher Anfragen maßgeblich zur Rettung von sechzehn „Zigeunermischlingen" (Dietrich 1946 zit. n. Köster 1999, S. 93) beigetragen habe, die in seiner Einrichtung untergebracht gewesen seien. Scheuner selbst erklärte am 29.11.1949 schriftlich, sie sei Mitglied der evangelisch-lutherischen Teilorganisation der „Bekennenden Kirche", des Berufsvereins höherer Kommunalbeamter, Mitglied im Vorstand des Verbandes evangelischer Wohlfahrtspflegerinnen in Berlin sowie 1937 bis 1939 in Hannover leitendes Ortsgruppenmitglied des Deutschen Evangelischen Frauenbundes gewesen und formal in deren NS-Nachfolgeorganisationen überführt worden. Durch ihren früheren Personaldezernenten in Hannover, SS-Sturmbannführer Zacharias, sei sie in die SS gedrängt worden und nur ihres Amtes wegen Anwärterin auf eine Mitgliedschaft in der NSDAP gewesen.

Die Entnazifizierungsakte notiert: 1933–1938 „förderndes Mitglied der Allgemeinen SS" und 1937–1944 „Anwärter" auf NSDAP-Mitgliedschaft (so auch Kuhlmann 1998, S. 516, anders: Köster 1999, S. 91). Dieselbe Akte zeigt, dass Ellen Scheuner von 1933 bis 1944 Mitglied der Nationalsozialistischen Volkswohlfahrt war und im Aufnahmegesuch in das NS-Frauenwerk vom 08.11.1936 (Mitgl.-Nr. 135384) gibt Scheuner selbst an, Mitglied der NS-Juristenorganisation, Reichsbund Deutscher Beamter, Reichsluftschutzbund und Reichskolonialbund zu sein. Die Entnazifizierungsakte notiert den Eintritt dort zwischen 1935 und 1937 sowie den Austritt dort je zu 1942.

Die NSDAP-Gau-Kartei Hannover führt sie zum 01.05.1937 mit der Nr. 4139694 als Mitglied und ist auf den Gau Münster fortgeschrieben; Scheuners im Bundesarchiv vorliegender NSDAP-Aufnahmeantrag ist mit 09.07.1937 datiert.

Bis Eintritt in den Ruhestand 1966 blieb Dr. Ellen Scheuner Leiterin des westfälischen Landesjugendamtes. Sie galt bundesweit als engagierte und namhafte Expertin für Verwaltungsorganisation, trat regelmäßig aber auch persönlich in Kontakt zu „ihren Zöglingen“, indem sie unangemeldet Fürsorgeanstalten besuchte oder persönlich Bahnhöfe nach „gefährdeten Mädchen“ absuchte (Köster 1999, S. 97). Auch in Fachveröffentlichungen trat sie aus ihrer Sicht jugendgefährdender Vergnügungsindustrie entgegen (Scheuner 1962).

Sie war bis in die 1980er-Jahre im evangelischen Pertheswerk und in Fachverbänden (u. a. im AFET) aktiv. Ellen Scheuner starb am 01.04.1986 in Lippstadt. Das Senioren- und Pflegeheim der Perthes-Stiftung in Altena trägt ihren Namen. In Münster ist eine Straße nach ihr benannt.

Wie Kuhlmann (1989) festhält, hat Dr. Ellen Scheuner in ihrer Funktion sowohl die Freiwillige Fürsorgeerziehung als auch die „abschreckende Arbeitserziehung“ (ebd., S. 159) innerhalb der Fürsorgeerziehung eingeführt. Gleichzeitig sorgte sie sich während der NS-Zeit um den Erhalt der kirchlichen Anstalten gegenüber den Bestrebungen der NSDAP um eine Entkonfessionalisierung der Fürsorgeerziehung und setzte in den 1940er-Jahren auf eine Beauftragung konfessionell gebundener Fürsorgerinnen für die Unterbringung von Fürsorgezöglingen, was sie mit dem kriegsbedingten Personalmangel begründen konnte. So könne Dr. Ellen Scheuner als Vertreterin der Traditionalisten eingeschätzt werden, die ihr Berufsethos noch aus der Weimarer Republik bezogen hätten und die in der NS-Zeit wie auch nach dem Krieg für eine autoritäre Anstaltserziehung, eine moralistisch-individuelle Interpretation sozialer Probleme und die Forderung nach Bewahrung der „Unerziehbaren" und „Arbeitsbummelanten" (Kuhlmann 1998, S. 516) eintraten. Wie Köster (1999) betont, folgte Scheuner in ihrem Verständnis von Jugendwohlfahrt nicht nationalsozialistischen, sondern konservativ-autoritären Prämissen.

Wie schon in Hannover trat sie in Westfalen gegenüber der Nationalsozialistischen Volkswohlfahrt und der Hitler-Jugend für den Kompetenzbereich der Provinzialverwaltung ein und es gelang ihr, auch die privaten Anstalten gegen kriegsbedingte Beschlagnahmeversuche des Regimes abzuschirmen, was, wie Köster (ebd.) zeigt, ihr das nachhaltige Vertrauen der konfessionellen Jugendfürsorge brachte.

Weiterführende Weblinks:
www.lwl-landesjugendamt.de
www.westfaelische-geschichte.de/web776

17

Elfriede Eilers

1954 Jugendfürsorgerin am Jugendamt Bielefeld

Elfriede Eilers wurde am 17.01.1921 in Bielefeld geboren. Sie stammte aus einer Arbeiterfamilie, ihr Vater war Schriftsetzer, die Mutter Weberin. Nach der mittleren Reife machte sie eine kaufmännische Ausbildung und arbeitete als Maschinenbuchhalterin. 1949 besuchte sie das Seminar für Sozialberufe in Mannheim und wurde 1954 beim Bielefelder Jugendamt als Jugendfürsorgerin angestellt. Seit 1945 war sie Mitglied in der SPD. Zwischen 1966 und 1997 war sie unter anderem Mitglied des Bundesvorstandes und Parteipräsidiums sowie parlamentarische Geschäftsführerin. Von 1979 bis 1984 war sie Mitglied des Rates der Stadt Bielefeld.

Seit 1950 war Elfriede Eilers in der Arbeiterwohlfahrt (AWO) aktiv und dort 1972 bis 1989 stellvertretende Bundesvorsitzende sowie Vorsitzende im Fachausschuss Familie. Ab 2000 war sie Ehrenvorsitzende der AWO Ostwestfalen-Lippe e. V.

„Klagt nicht, organisiert euch" – das war ihr Sprichwort, das sie selbstbewusst an Frauen nicht nur in den Nachkriegsjahren richtete. Sie wies auf die Ungleichheit der Geschlechter hin und setzte sich unter anderem erfolgreich dafür ein, dass Frauen bei Entscheidungs- und Wahlverfahren in Ausschüssen gleichberechtigt beteiligt werden. Auf Bundesebene wirkte sie an der Reform des Jugendhilfe- und Sozialhilferechts mit und setzte sich vor Ort in Bielefeld u. a. für die Schaffung des damals in NRW erst dritten Frauenhauses ein. Die von Rainer Hagl geschaffene Skulptur „Der Seher" als Symbol des Widerstands gegen die zerstörerische Kraft der Mächtigen auf dem Bielefelder Emil-Gross-Platz geht auf ihre Initiative zurück. Elfriede Eilers starb am 04.06.2016 in Bielefeld.

„Klagt nicht, organisiert euch!", Fürsorgerin im Jugendamt, Bundestagsabgeordnete, AWO-Aktive, Sozialpolitikerin und Stifterin in Bielefeld

Heute werden u. a. alleinstehende Frauen in Bielefeld durch die Elfriede-Eilers-Stiftung beraten und monetär unterstützt.

Weiterführende Weblinks:
www.elfriede-eilers-stiftung.de
www.awo-owl.de
awo-bielefeld.de/soziale-hilfen/frauenhaus/

Reinhard Kersting

1967 Initiative zur Förderung jugendlicher Haftentlassener

Reinhard Kersting wurde am 05.12.1954 als viertjüngstes von fünf Geschwistern in Büren geboren. Die Eltern führen einen Landwirtschaftsbetrieb. Nach dem Studium an der KFH Freiburg und dem Abschluss als Diplom-Religionspädagoge übernahm er 1978 die Leitung/Geschäftsführung des KIM-Jugendcenter e. V. (seit 2001 in KIM – Soziale Arbeit e. V.). Seit 2019 ist Reinhard Kersting ehrenamtlicher Vorstandsvorsitzender des gemeinnützigen Vereins.

Der heutige KIM – Soziale Arbeit e. V. war ein noch junger und kleiner freier Träger, als Reinhard Kersting 1978 dessen Geschäftsführung übernahm. Vorläufereinrichtung war die 1967 entstandene Initiative des Salesianerpaters Konrad Lienhard, der ausgehend von einer Gesprächsgruppe junge Strafentlassene in der Jugendstrafanstalt Hövelhof zuerst im Salesianum und dann in einem Haus im Engernweg 44 in Paderborn aufnahm und sich um deren soziale und berufliche Perspektiven nach der Haft bemühte. Dort hatte Reinhard Kersting seinen Zivildienst absolviert, beeinflusst durch den engagierten Religionsunterricht Pater Konrad Lienhards, seines Lehrers an der Höheren Handelsschule. Mit der im Engernweg geleisteten Arbeit konnte sich Reinhard Kersting so sehr identifizieren, dass er seinen ursprünglichen Studienwunsch der Betriebswirtschaft zugunsten eines pädagogischen Studiums aufgab.

Bis dahin war Hilfe rein aus Privatinitiative geleistet worden. Die weitere Ausweitung sozialer Arbeit – Hilfen für junge Menschen, die sich in ungesicherten Lebenslagen befanden – war so nicht mehr aufrechtzuerhalten und führte eine Gruppe christlich engagierter Bürger 1973 zur Gründung des KIM Jugendcenter e. V. Drei Jahre später zog der Verein in ein Haus in der Leostraße 29 ein, wo eine vollstationäre sozialtherapeutische Wohngemeinschaft für junge Männer von 18 bis 25 Jahren eröffnet wurde. 1977 verließ der Initiator KIM: Pater Konrad Lienhard wurde mit der Gemeindeleitung und dem Aufbau einer Jugendeinrichtung in Kaarst betraut. Im Juli 2010 berichtete die *Neue Westfälische* über sexuelle Gewalt während dortigen Messdiener-Exerzitien durch Pater Lienhard, was durch diesen über den Orden eingeräumt wurde. Pater Lienhard starb am 10.10.2017.

Hilfe für gefährdete junge Menschen, Professionalisierung, soziale Probleme aufgreifen

Im KIM-Jugendcenter e. V. spiegelte sich Ende der 1970er-Jahre die Professionalisierung Sozialer Arbeit. Sie führte zur Ausdifferenzierung der inhaltlichen Schwerpunkte für unterschiedliche Zielgruppen in jeweils eigenen Einrichtungen und Beratungsstellen. Die 1987 mit zwei Planstellen begründete

Straßensozialarbeit wendet sich als Hilfeangebot an drogenabhängige Menschen – aufgrund der Notlage fehlenden Wohnraums entstand eine Übernachtungsstelle zunächst in einem Abbruchhaus am Liboriberg 13. Heute befindet sich das Hilfeangebot am Busdorfwall 2 – kurz: B2.Streetwork.

Darüber hinaus wurden in den Jahren 1983 bis 2013 Wohnprojekte der Jugend-, Erziehungs- und Straffälligenhilfe installiert. Suchtkranke und psychisch beeinträchtigte Menschen finden heute in besonderen Wohngruppen fachliche Hilfe.

Die besonderen Unterstützungsbedarfe älterer und behinderter Menschen werden seit 2002 mit einer Wohnberatungsstelle und seit 2011 mit einer Seniorenwohngemeinschaft berücksichtigt. 2011 wurde mit der Gründung einer Männerberatungsstelle die Problematik der häuslichen Gewalt aufgegriffen. Die institutionelle Unabhängigkeit ist bis heute geblieben – der heutige KIM-Soziale Arbeit e. V. gehört keinem Dachverband an. KIM-Soziale Arbeit e. V. ist heute ein breit aufgestellter freier Träger, der mit rund 70 Mitarbeiter:innen Unterstützungsangebote für alle Geschlechter und Altersgruppen im Paderborner Raum anbietet.

Weiterführender Weblink:
kim-paderborn.de/uber-uns

19

Karl-Heinz Koch

1969 Jugendwerk Bökenförde

Karl-Heinz Koch wurde am 10.08.1933 geboren und wuchs in Bad Westernkotten (heute Ortsteil von Erwitte) auf, wo er bis zu seinem Tod gemeinsam mit seiner Schwester im Elternhaus lebte.

Anfang der 1960er-Jahre – Karl-Heinz Koch war Bildungsreferent im Erzbischöflichen Jugendamt Paderborn – fielen ihm in seinen Kursen und Freizeitmaßnahmen Jungen auf, die nicht aus einem „geordneten Elternhaus" angereist waren und denen er seine besondere Aufmerksamkeit widmete. Als er sich eingehender mit Strukturen und Konzepten von Heimerziehung auseinanderzusetzen begann, erkannte er, dass diese durch ein hohes Maß an Repression, Gewalt und Fremdbestimmung gekennzeichnet war. Der passionierte Sozialpädagoge Karl-Heinz Koch engagierte sich, so wird berichtet, aufopfernd, verständnisvoll und geduldig für jeden Einzelnen.

Teilweise hatte er unter Mithilfe seiner sozial eingestellten Mutter junge Menschen in sein Elternhaus aufgenommen, musste aber erkennen, dass vereinzelte Maßnahmen weder für den Einzelnen noch für die große Zahl der hilfebedürftigen Jugendlichen eine dauerhafte Lösung sein konnten. Inspiriert durch den von Father Flanagan in den USA entwickelten „Boys Town"-Ansatz wollte Koch im heutigen Lippstädter Stadtteil Bökenförde ein so ausgerichtetes Kinder- und Jugenddorf gründen, was aber aus finanziellen Gründen scheiterte. Bei seiner Suche nach einem anderen Gebäude traf er auf das Klostergebäude der Franziskaner in Rietberg, für das eine neue Bestimmung gefunden werden sollte, nachdem das Noviziat 1966 von Rietberg nach Warendorf verlegt worden war. Man einigte sich schnell und stellte das Kloster dem „Jugendwerk Bökenförde" zur Verfügung. Am 15.07.1969 zogen die ersten fünfzehn Kinder und Jugendlichen ins ehemalige Franziskanerkloster ein. Danach füllte sich das Haus rasch bis auf sechzig Jungen. Parallel dazu wurde am 01.09.1969 im „Jugendwerk Rietberg" (JWR) die erste Pflegevorschule für Jungen in NRW eröffnet. Die Einweihung erfolgte am 05.10.1969 durch Erzbischof Lorenz Kardinal Jaeger.

Die Trägerschaft übernahm zunächst der Bund der katholischen Jugend (BDKJ), wo Koch zu der Zeit als Jugendreferent beschäftigt war. Die Trägerschaft ging 1978 an den „Verein für Jugendhilfe im Erzbistum Paderborn e. V.". Nach einer Rechtsformänderung im Jahr 2008 heißt der Träger nun „Jugendhilfe im Erzbistum Paderborn gemeinnützige GmbH".

Tragende Leitidee des bis heute im JWR vertretenen Konzeptes von Pater Edward Joseph Flanagan (1886–1948) ist ein Gemeinschaftsgedanke mit einem hohen Maß an Partizipation und Mitbestimmung. Die auf einer Farm nahe der US-amerikanischen Stadt Omaha (Nebraska) durch den katholischen Geistlichen 1921 gegründete Jugendhilfeeinrichtung „Boys Town", die bis heute besteht und deren Ehrenbürger Karl-Heinz Koch war,

Moderne Heimerziehung, „Boys Town"-Ansatz, Zuwendung als Passion stellt eine soziale Gemeinde mit einem minderjährigen Bürgermeister, Schule, Kapelle, Postamt, Sportanlagen und Bauernhof dar, in der sozial vernachlässigte und obdachlose Jungen von zehn bis sechzehn Jahren Unterricht erhalten und ein Handwerk erlernen. Flanagans Wirken wurde in den USA 1938 verfilmt, Spencer Tracy erhielt für seine Rolle als Pater Flanagan einen Oscar.

Im räumlichen Umfeld von Rietberg bis hinein nach Lippstadt und nahe Paderborn entstanden ab Ende der 1970er-Jahre Außenwohngruppen, um die Form des Zusammenlebens so familienähnlich wie möglich zu gestalten und Normalität bieten zu können. Im Laufe der Zeit entstand eine ausdifferenzierte Einrichtung der Erziehungshilfe, die vielfältige Angebote im stationären, teilstationären und ambulanten Bereich bietet.

Karl-Heinz Koch war auch nach seinem Eintritt in den Ruhestand bis zu seinem Lebensende eng mit dem Jugendwerk Rietberg verbunden, hatte, so wird berichtet, immer ein offenes Ohr für die Sorgen und Nöte der Kinder und Jugendlichen, half aus, wo er konnte, und war in vielerlei Hinsicht aktiv. Er drehte u. a. vor der Kulisse des Jugendwerks mit den Bewohner:innen den Film „Don Vesuvio" und schrieb zum 40-jährigen Jubiläum der Einrichtung das Buch „Kinder des Schattens". Außerdem war er während der gesamten Zeit ein Bindeglied zwischen dem Jugendwerk Rietberg und den „Ehemaligen", zu denen er einen regen Kontakt pflegte. Karl-Heinz Koch starb am 28.05.2013 und wurde in seinem Geburtsort beigesetzt.

Weiterführender Weblink:
www.jugendwerk-rietberg.de

Margareta Breuer

1971 Katholische Fachhochschule Nordrhein-Westfalen

Margareta Breuer wurde am 30.10.1928 in Gleiwitz (Oberschlesien; heute Gliwice, Polen) als jüngstes von sieben Geschwistern geboren. Die gutbürgerliche Familie hatte eine selbstständige Buchbinderei und Buchdruckerei in Gleiwitz. Als ihr Vater, der Mitglied der katholischen Zentrumspartei war, für die Nationalsozialistische Deutsche Arbeiterpartei (NSDAP) Fahnen drucken musste, verwendete er als Zeichen seines Protests gegen das Regime einen erkennbar abweichenden Rotton.

Auch versteckte die Familie einen politischen Flüchtling vor dem Regime. Als junge Frau erlebte Margareta Breuer das Leid von Krieg, Flucht und Vertreibung sehr nah – ihr Bruder Hubert fiel im Krieg, sie war Zeugin der Flucht von Häftlingen der Konzentrationslager (u. a. Louis Lowy) und sie wurde mit ihrer Familie aus Gleiwitz vertrieben.

Der persönlich erfahrene Wert der Familie veranlasste Margareta Breuer 1950, die Westfälische Provinzialschule für Wohlfahrtspflege in Lengerich zu besuchen. Danach war sie Fürsorgerin im katholischen Fürsorgeverein Bielefeld/Göttingen und qualifizierte sich zur staatlich anerkannten Wohlfahrtspflegerin (1961) weiter. An der Akademie für Jugendfragen beim Deutschen Institut für wissenschaftliche Pädagogik in Münster schloss sie mit Diplom die Qualifizierung in Sozialer Gruppenarbeit (1970) sowie die Ausbildung zur Supervisorin (1970) ab.

Nach einer Tätigkeit in der Erziehungsberatung in Wanne-Eickel, war Margareta Breuer ab 1964 Dozentin an der Höheren Fachschule für Sozialarbeit am Paderborner Meinwerk-Institut. Im Rahmen ihres Engagements in der „International Association for Social Work with Groups“ (IASWG) lernte sie über die niederländische Fürsorgepionierin Cora Baltussen (*1912, †2005) den in München geborenen Sozialarbeitswissenschaftler Louis Lowy (*1920, †1991) kennen. Louis Lowy war wegen seines jüdischen Glaubens im Ghetto Theresienstadt und im Konzentrationslager Auschwitz interniert und initiierte verdeckt Bildungsaktivitäten für junge KZ-Insassen. Er überlebte den Holocaust, engagierte sich als „Welfare Worker“ im Deggendorf Displaced Persons Center und emigrierte dann in die USA. Die Wiederbegegnung mit Louis Lowy und dessen Überzeugung, dass Hass niemals die Antwort auf erlittenes Leid sein dürfe, prägte Margareta Breuer nachhaltig und führte später zu einer tiefen Freundschaft zwischen Margareta Breuer, Louis und seiner Ehefrau Ditta Lowy.

Wegbereiterin der Supervision, Initiatorin der Gründung des Fachbereichs Sozialwesen der KFH Paderborn. Erste Professorin für Methoden Sozialer Arbeit mit sozialarbeiterischem Abschluss.

Als deutschlandweit Fachhochschulen entstanden, setzte sich Margareta Breuer überzeugt, standhaft und erfolgreich gemeinsam mit Ulrich Wagener (*1930, †2007), Kirchenhistoriker des Instituts für Religionspädagogik, beim Paderborner Kardinal Lorenz Jaeger für die Gründung einer Fachhochschule in Paderborn ein. Ihr Ziel war es, einen Fachbereich für Sozialwesen neben dem von Kardinal Jaeger avisierten Fachbereich Theologie zu etablieren. Die Höhere Fachschule für Sozialarbeit am Meinwerk-Institut ging 1971 in die Katholische Fachhochschule Nordrhein-Westfalen (KFH NW) am Standort Paderborn über und neben Breuer (Sozialwesen) und Wagener (Theologie) fanden weitere, zuvor an Vorgängereinrichtungen tätige Lehrende an der KFH eine Anstellung.

Margareta Breuer war an der Katholischen Fachhochschule zunächst Fachlehrerin im Status einer Lehrkraft für besondere Aufgaben; am 1. August 1989 wurde sie zur Professorin ernannt. Ein wissenschaftlicher Gutachter für dieses Verfahren war Louis Lowy, der Margareta Breuer promotionsadäquate Leistungen für ihr Pädagogikstudium an der Universität-Gesamthochschule Paderborn (1989) testierte. Auch die Phase der Curriculumsentwicklung zur Aufnahme des Lehrbetriebes der KFH unterstützte Louis Lowy, der als Professor an der Boston University in Boston, MA (USA) wirkte. Margareta Breuer lehrte an der KFH Methoden der Gemeinwesenarbeit und sozialen Gruppenarbeit. Sie führte abteilungsübergreifend mit dem Kollegen Prof. Dr. Josef Hochstaffl und dem KFH-Absolventen und Dipl.-Rel.-Päd. Heinz Ruland Projektseminare zur Gemeinwesenarbeit durch, etablierte mit dem KFH-Absolventen und Dipl.-Soz.-Arb. Johannes Tack Seminare zur systemischen Familienberatung und veröffentlichte mit Theresa Bock und Edeltraud Lukoschek zur „Sozialarbeit mit ausländischen Familien“ im Freiburger Lambertus-Verlag. 1993 wurde Margareta Breuer pensioniert und engagierte sich seitdem, auch getragen von ihrem Glauben, in zahlreichen Projekten ehrenamtlich. So war Margareta Breuer u. a. Ehrenvorsitzende im IN VIA Diözesanverband Paderborn. Den Studierenden wünschte Margareta Breuer mit Blick auf ihr berufliches Selbstverständnis, „dass sie ihr Lernen und Erleben aktiv in ihren beruflichen Alltag integrieren. Denn unser Beruf ist immer Teil unseres Lebens." (Wiens 2021). Am 05.06.2023 starb Margarta Breuer im Alter von 94 Jahren in Paderborn und wurde am Vormittag des 14. Juni in Bielefeld beigesetzt. Zur Erinnerung an Professorin Breuer trugen Studierende und Mitarbeiter:innen der Katholischen Hochschule in Paderborn parallel dazu den vorstehenden Text im Foyer der Hochschule vor.

Weiterführender Weblink:
www.iaswg.de

21

Edeltraud Lukoschek

1975 Professorin für Soziologie an der KFH

Edeltraud Cäcilie Lukoschek wurde am 26.06.1929 geboren. Bevor sie 1975 als Professorin für Soziologie an die damalige Katholische Fachhochschule (KFH) kam, war sie vielfältig im Ausland engagiert und begann dort ihre wissenschaftliche Laufbahn. Im Kongo unterstützte sie die Bewohnerinnen eines Internats zur Bildungsförderung von Mädchen und Frauen und erlangte 1963 ihren Abschluss als *Licenciée en sciences sociales* an der Catholic Jesuit University in Léopoldville, heute Kinshasa/Kongo. Später knüpfte sie an diese Tätigkeit an, indem sie ein Studierendenwohnheim in den USA betreute.

Ihren Studienabschluss erlangte sie in Frankreich. Ihren Doktor der Soziologie bekam Edeltraud Lukoschek mit einer 1977 veröffentlichten Arbeit zu „Zaire, a study in ideology and social change“ an der renommierten University of California in Berkeley/USA verliehen, wo sie zuvor auch ihr Masterstudium absolvierte und 1973 ein Forschungsstipendium erhielt.

Ihr Forschungsinteresse während ihrer Zeit als Professorin galt der Beteiligungs- und Verteilungsgerechtigkeit. Privat befasste sie sich zudem mit der Religionssoziologie, die zu der Zeit noch wenig fortgeschritten war. 1994, im Jahr ihrer Pensionierung publizierte sie gemeinsam mit den KFH-Professorinnen Margareta Breuer (*1928, †2023) und Theresa Bock (*1927, †2012) zu „Sozialarbeit mit ausländischen Familien“ im Freiburger Lambertus-Verlag. In 2016 veröffentlichte sie gemeinsam mit im Bildungswerk DIE HEGGE verbundenen Wegbegleiter:innen im Band „Seit ein Gespräch wir sind“ Erinnerungen an und Predigten von Reinhard Kösters (*1931, †2018).

Edeltraud Lukoschek pflegte die ausgeprägte Leidenschaft, Tageszeitungen zu sammeln – durch die ihr sogar ein zweites Büro an der Katholischen Fachhochschule eingerichtet wurde. Studierenden und Kolleg:innen ist sie als warmherziger Mensch sowie als kompetente und engagierte Wissenschaftlerin in Erinnerung. Über ihre Pensionierung hinaus zeigte sie sich beiden Fachbereichen am Standort und ihren Fördervereinen als großzügige Spenderin verbunden und hielt – fast erblindet – engen Kontakt zu ehemaligen und aktiven Hochschulangehörigen. Im Rahmen ihrer Lehre war ihr die Vermittlung von Kenntnissen empirischer Sozialforschung ein besonderes Anliegen. Während ihrer aktiven Zeit verließ kaum ein:e Studierende:r die Hochschule, ohne mindestens Grundkenntnisse der Statistik erlangt zu haben.

Berkeley-Absolventin, international Forschende und Professorin für Soziologie am Fachbereich Sozialwesen der KFH Paderborn

Edeltraud Lukoschek starb am 19.04.2018 in Paderborn. So manche Alumni können in Erinnerung an sie noch heute das Gelernte abrufen.

Weiterführender Weblink:
https://www.africamuseum.be/en/research/collections_libraries/human_sciences/libraries/contemporary_history/reference/29531/africa_museum

22

Johannes Tack

1981 Sozialpsychiatrische Initiative Paderborn e. V.

Johannes Tack wurde am 30.09.1952 in Lippstadt geboren. Er kommt aus einem sozial-geprägten Elternhaus: Sein Vater war Bezirkssekretär der Katholischen Arbeitnehmerbewegung und vielfältig in kommunaler Sozialpolitik engagiert. Im Jugendwohlfahrtsausschuss engagierte dieser sich für die Drogen- und Erziehungsberatung und war viele Jahre Vorsitzender des Kreissozial- und Gesundheitsausschusses der Kreise Lippstadt und Soest.

Darüber initiierte er u. a. die Tagesbildungsstätte des früheren Kreises Lippstadt, eine Einrichtung für geistig behinderte Kinder und Jugendliche. Sie war der „freiwillige Vorläufer" der späteren sogenannten Sonderschulen für geistig Behinderte und Sonderkindergärten.

Zur Sozialen Arbeit kommt Johannes Tack über den Zivildienst: Einsatzstelle des gelernten Bankkaufmannes war 1975 das große Landeskrankenhaus in Lippstadt-Eickelborn. Dort erlebte er noch die klassische Verwahrpsychiatrie vor der Zeit der Psychiatriereform. Anstaltskleidung, große Gemeinschaftsschlafsäle und damit einhergehender Hospitalismus vieler Langzeitpatient:innen haben ihn geprägt und motiviert, sich mit den Visionen und Themen der Psychiatrie-Enquete zu befassen.

Neben dem Studium der Wirtschaftswissenschaften arbeitete er zunächst als Nachtwache in der neuen, schon von der Psychiatriereform geprägten Landesklinik in Paderborn. Von diesem Geist beseelt, wechselte er das Studienfach und die Hochschule und studierte ab 1977 Sozialarbeit an der KFH (heute katho) in Paderborn. Gemeinsam mit Karl-Josef Schlottmann (*1952, †2011) gründete er 1981 den Verein Sozialpsychiatrische Initiative Paderborn e. V. (SPI) und wurde zum 01.12.1982 Geschäftsführer (später geschäftsführender Vorstandsvorsitzender). Gemeinsam mit Kolleg:innen aus Sozialarbeit, Psychologie und Medizin baute er ein Übergangsheim für psychisch kranke Menschen auf. Aus dieser ersten Einrichtung des SPI entwickelten sich weitere gemeindepsychiatrische Einrichtungen und später auch Einrichtungen in der stationären und ambulanten Jugendhilfe.

Er engagierte sich während seines gesamten beruflichen Lebens regional, landes- und bundesweit in der sich immer weiter und differenzierter ausprägenden Sozialpsychiatriebewegung, bildete sich zum Gesprächspsychotherapeuten (GWG) und Familientherapeuten weiter und war ab 1989 als Lehrbeauftragter an der katho tätig. Schrittweise entstanden – aufgrund von Johannes Tacks Offenheit, Neugierde und seiner engagierten Vernetzung in deutschlandweit tätigen Verbänden – neue Angebote und Tätigkeitsbereiche in der

Sozialarbeiter, KFH-Absolvent und Lehrbeauftragter, Sozialpsychiatriereformer und Sozialunternehmer

SPI. Aufgrund der sich weiter entwickelnden Handlungsfelder im Sozial- und Gesundheitswesen, hat sich der Verein vor zwei Jahren umbenannt. Heute stehen die Buchstaben SPI für sozial.partizipativ.innovativ.

Als Mitglied im PARITÄTISCHEN NRW ist der SPI Paderborn e. V. heute ein Komplexleistungsanbieter im Sozial- und Gesundheitswesen in den Bereichen der Gesundheitsförderung, Prävention, Behandlung, Beratung, Betreuung, Rehabilitation, Teilhabe, Nachsorge sowie Fort- und Weiterbildung. Johannes Tack beendete zum Ende des Jahres 2021 seine aktive berufliche Laufbahn als geschäftsführender Vorstandsvorsitzender des SPI Paderborn e. V. Seit 2023 ist er Aufsichtsratsvorsitzender des SPI und seit 2022 zweiter Vorsitzender des Alumni-Vereins der katho Paderborn.

Weiterführender Weblink:
spi-paderborn.de/ueber-uns
https://katho-nrw.de/news/detailansicht/verbunden-bleiben

Danksagungen

Am Schluss ein herzlicher Dank an alle Beteiligten. Karl-Heinz Martinß machte mich auf Paderborner Geschichte aufmerksam, als ich 2011 sein Kollege an der Paderborner Abteilung wurde. Danke an unsere Gastreferenten der gemeinsamen Jahre: Joachim Wieler aus Weimar, Sven Steinacker von der HS Niederrhein und Johannes Richter von der Ev. Hochschule des Rauhen Hauses in Hamburg, die über ihre Begegnung mit Zeitzeug:innen und ihre Forschungen in Archiven so spannend erzählen können. Peter Leppin hat mich auf Verbindungslinien zum deutsch-amerikanischen Sozialarbeitswissenschaftler jüdischen Glaubens, Louis Lowy, aufmerksam gemacht. Monika Schrader-Bewermeier von der Gesellschaft für Christlich-Jüdische Zusammenarbeit Paderborn e. V. danke ich für die engagierte Zusammenarbeit und ihre vielen hilfreichen Hinweise zu jüdischen Spuren in Paderborn, zu Fanny Nathan und zum Jüdischen Waisenhaus. Wilhelm Grabe vom Kreis- und Stadtarchiv und Markus Moors vom Kreismuseum Wewelsburg danke ich für kundige Hinweise auf frühe Spuren der Jugendpflege, die mir und uns sonst vielleicht gar nicht in den Blick gekommen wären. Für entscheidende Hinweise und besonders für die nicht selbstverständliche offene Bereitstellung ihrer eigenen Recherchen danke ich der Kollegin Barbara Stambolis, Paderborn/Münster, und der Kollegin Ilona Winkelhausen, Köln/Bergisch Gladbach. Daten und Hinweise auf Quellen haben als Trägerverantwortliche Petra Erger und Wolfgang Walter (Stadt Paderborn), Claudia Englisch-Grothe (Erzbischöfliches Kinderheim/Bonny5), Klaus Kruse (Salvatorkolleg), Dominik Neugebauer (Caritasverband Paderborn), Adolf Salmen (Jugendwerk Rietberg), Annabell Timmer (Kreis Paderborn) und Joachim Veenhof (SKM) gegeben. Jürgen Sauer (Diözesan-Caritasverband), Jasmin Teutrine (St. Johannisstift) und Julia Hollwedel (LWL) danke ich für die Bereitstellung von Materialien und die Recherche im Detail. Für Nachforschung in den Materialien des Landes- bzw. Bundesarchivs danke ich den dortigen Referatsmitarbeiter:innen Bianca Leal, Anna Neubauer und Peter Bohnert. Sr. Irmhild vom Archiv des Hauses Maria Immaculata half uns weiter. Sollte ich an dieser Stelle jemanden, der uns in den drei Jahren seit Projektstart unterstützte, vergessen haben zu erwähnen: Fühlen Sie sich hier eingeschlossen! Besonders herzlich danken möchte ich meiner leider 2023 verstorbenen Kollegin Margareta Breuer und ihrer Familie, der Familie von Edeltraud Lukoschek und meinen Wegbegleitern der dreizehn Jahre in Paderborn, Reinhard Kersting und Johannes Tack, als Pionier:innen und Zeitzeug:innen, die uns in den Gesprächen offen und kritisch an (ihren) Wegen und Erfahrungen teilhaben lassen.

Ein herzlicher Dank geht an den Vorstand des Diözesan-Caritasverbandes Paderborn, dessen großzügige Zuwendung zugunsten der Druckkosten die Publikation dieses Buches erst ermöglicht hat. Für das sachkundige und aufmerksame Lektorat und die stets zuvorkommende Begleitung der Publikation danke ich Gisela Appelbaum im Bonifatius Verlag. Am Schluss geht mein Dank an meine Studierenden aus drei Jahren Projektlaufzeit, die zwischenzeitlich alle als Fachkräfte im Beruf in den vielfältigen karitativen Diensten in Westfalen-Lippe tätig sind und vielleicht auch parallel weiter in einem Masterprogramm studieren. Ohne ihr reges Interesse und ohne ihre so vielfältig gelungenen Recherchen wäre kein Ergebnis möglich gewesen, wie es hier nun vorliegt. Und vielleicht findet das Projekt in Bremen und Bremerhaven seine Fortsetzung. Die ersten Kontakte sind geknüpft. Die Gegenwart, in der wir leben und junge Menschen aufwachsen, zeigt vielfältig, wie viel Anlass es gibt, für heute und für die Zukunft aus Geschichte zu lernen.

Bremerhaven, im Sommer 2024
Prof. Dr. Michael Böwer

Beteiligte Studierende

Annika Abram, Dilara Ari, Thayse Phamera Aguiar da Silva, Ana Alves da Silva, Lamiae Asilem, Katharina Bals, Kira-Marie Bergmann, Sina Besche, Steffen Böhmer, Sarah Böttcher, Lea Breitkopf, Marticia Brockel, Anna Burghoff, Carolin Canisius, Laura Coners, Maja Dembowski, Izla Demir, Roxana Dietz, Franziska Dröge, Marie Ernst, Florian Faßbach, Gülbahar Fistikci, Kim Freitagsmüller, Irina Fröse, Lina Gerling, Rebekka Gerz, Nadine Gerzen, Leah Grewe, Dennis Gönnewicht, Dennis Gossen, Antonia Haurand, Marius Hauernherm, Milena Heppe, Sarah Haying, Kerstin Holzbeck, Jennifer Hinke, Niels Hüber, Karina Jakobi, Laura Janzen, Yvonne Kirchhoff, Timo Klausfering, Charlotte Köhler, Gilian König, Annika Koepe, Anika Köpfer, Laura Krumtünger, Jennifer Langosch, Marie Leber, Rike Leifeld, Regina Loos, Pia Maletzki, Lara Mederski, Alessia Müller, Elena Magounis, Lisa Müsken, Jürgen Muhs, Mattias Neermann, Luisa Niemann, Lea Niggenaber, Yvonne Niggemeyer, Hannah Paschert,

Nina Peterhanwahr-Rothe, Marco Pfeiffer, Larissa Regelin, Rainer Reichardt, Silja Rennwanz, Mandy Ressel, Viola Rodehutscord, Sarah Rodehutskors, Tim Roggel, Susanna Sattile, Joana Schick, Lara Simon, Annette Schmickler-Lemperle, Katharina Schmidt, Maximilian Schmitz, Sarah Schröder, Simon Schröder, Iris Schulte, Johanna Solven, Jacquelin Spenst, Annika Stelte, Laura Striewe, Celina Steinhage, Sara Steu, Ariane Suermann, Amir Tadres, Theresa Thyrian, Carina Unruh, Aaron Vischedyk, Annika Walter, Anette Weimann, Ines Wengenmair, Daniel Wiese, Lea Wiens, Johanna Wiemers, Luisa Wolf, Carolin Zelder, Theresa Zwingmann

Register

Register nach Orten und heutigem Einrichtungsnamen

Bielefeld
Stiftung Bethel
AWO Kreisverband Bielefeld e. V.
AWO Bezirksverband Ostwestfalen-Lippe e. V.

Bigge
Josefsheim gGmbH

Büren
Kreisjugendamt Paderborn

Borchen
Schloss Hamborn Rudolf Steiner Werkgemeinschaft e. V.

Detmold
Fürstin-Pauline-Stiftung
Stiftung Herberge zur Heimat

Dortmund
SkF Sozialdienst katholischer Frauen Gesamtverein e. V.
Anna-Zillken-Berufskolleg

Höxter

Evangelisches St. Petri-Stift

Hövelhof

Salvator-Kolleg

Lippstadt

Westfälisches Landeskrankenhaus Eickelborn

Marsberg

LWL-Psychiatrie-Verbund Marsberg

Münster

LWL-Landesjugendamt

Olsberg

Josefsheim gGmbH

Paderborn

Bund der Katholischen Deutschen Jugend, BDKJ Diözesanverband Paderborn e. V.
Caritasverband Paderborn e.V.
Diakonie Paderborn-Höxter e. V.
Diözesan-Caritasverband Paderborn e. V.
Deutsch-Evangelischer Frauenbund Ortsverein Paderborn e. V.
Erzbischöfliches Jugendamt Paderborn
Erzbischöfliches Kinderheim/Bonny 5
IN VIA Paderborn e. V.
Jüdisches Waisenhaus für die Provinzen Rheinland und Westfalen
Jugendamt der Stadt Paderborn

Jugendhilfe für das Erzbistum Paderborn gGmbH
Katholische Fachhochschule KFH NW
Katholische Hochschule NRW, Abteilung Paderborn
KIM Soziale Arbeit e. V.
SkF Sozialdienst katholischer Frauen Gesamtverein e. V.
SKM – Kath. Verein für soziale Dienste in Paderborn e. V.
SPI Paderborn e.V.
St. Johannisstift – Ev. Stiftung bürgerlichen Rechts
Von-der-Lippe'sche Waisenhausstiftung

Rietberg

Jugendwerk Rietberg

Salzkotten

Ausbildungsstätte Haus Widey

Personenregister

Quellen

Editorial

Amthor, R.-C. (2017): Soziale Arbeit im Widerstand. Fragen, Erkenntnisse und Reflexionen zum Nationalsozialismus. Weinheim u. Basel: Beltz Juventa

Berger, M. (2018): Alice Salomon. Pionierin der sozialen Arbeit und der Frauenbewegung. 4. Aufl. Frankfurt am Main: Brandes & Apsel

Berger, M. (2022): Dora von Caemmerer (1910–1988). Wegbereiterin der Sozialen Arbeit in Deutschland nach 1945. In: Soziale Arbeit. 71. Jg. H. 1, S. 15–22

Deutsches Zentralinstitut für soziale Fragen, dzi (2021): Open Access. 70 Jahre Soziale Arbeit. Widerstand in der Sozialen Arbeit. In: https://www.dzi.de/soziale-literatur/soziale-arbeit/open-access/(02.02.2022)

Greenhouse Gardella, L. (2011): The live and thought of Louis Lowy. Social Work throught the holocaust. New York: Syracuse University Press

Hering, S./Münchmeier, R. (2015): Geschichte der Sozialen Arbeit. Quellentexte. Weinheim u. Basel: Beltz Juventa

Luhmann, N. (2021): Soziale Systeme. Grundriss einer allgemeinen Theorie. 18. Aufl. Berlin: Suhrkamp

Maier, H. (1998): Who is who der Sozialen Arbeit. Freiburg i. Breisgau: Lambertus

Strotdrees, G. (1997): Es gab nicht nur die Droste. Sechzig Lebensbilder westfälischer Frauen. Münster: Landwirtschaftsverlag

Toppe, S. (2019): Der Beitrag der bürgerlichen Frauenbewegung zur Entwicklung der Sozialen Arbeit. In: www.digitales-deutsches-frauen-archiv.de/themen/der-beitrag-der-buergerlichen-frauenbewegung-zur-entwicklung-der-sozialen-arbeit (02.02.2022)

Vogel, M. R. (1960): Das Jugendamt im gesellschaftlichen Wirkzusammenhang. Köln: Heymann

Vogel, M. R. (1966): Die kommunale Apparatur der öffentlichen Hilfe. Stuttgart: Enke

Quellen zu Anton Lothar von der Lippe

Buls, J. B. (1920): Geschichte des Bischöflichen Waisenhauses in Paderborn (1770–1920). Zur hundertfünfzigjährigen Gedächtnisfeier der Anstalt. Rietberg

Bessen, G. J. (1820): Geschichte des Bisthums Paderborn. Paderborn: Verl. Joseph Wesener

Brandt, H. J./Hengst, K. (2007): Geschichte des Erzbistums Paderborn. Bd. 2. Paderborn: Bonifatius

Pott, A. (2020): Die Herren und Freiherren von der Lippe. BoD: Norderstedt

Puls, J.P. (1920): Die Geschichte des bischöflichen Waisenhauses in Paderborn. Zur hundertfünfzigjährigen Gedächtnisfeier der Anstalt. Rietberg. Online unter: https://www.deutsche-digitale-bibliothek.de/item/N7LCFS3SJR54YYJI7VGW76LG7I3YCTGH (20.8.2024)

Tack, W. (1940): Aufnahme, Ahnenprobe und Kappengang der Paderborner Domherren im 17. u. 18. Jahrhundert. (erstveröffentlicht in: Westf. Zeitschrift 96. Jg., 1940). Online unter: www.lwl.org/westfaelische-geschichte/txt/wz-9710.pdf (31.01.2022)
Bild: Bonny5 – Kinder- und Jugendhilfe Paderborn

Quellen zu Pauline zur Lippe

Berger, M. (2015): Frauen in der Geschichte des Kindergartens: Pauline Christine Wilhelmine Fürstin zur Lippe-Detmold (1769–1820) In: https://www.kindergartenpaedagogik.de/fachartikel/geschichte-der-kinderbetreuung/manfred-berger-frauen-in-der-geschichte-des-kindergartens/973 (31.01.2022)
Fürstin Pauline Stiftung (o. J.): Fürstin Pauline. In: https://www.fuerstin-pauline-stiftung.de/de/index.php?lia_page=fuerstin_pauline&printversion=true (31.01.2022)
Kempkes, M./Schlafmeister, J./Zelle, M. (2020): Fürstin Pauline, Europäische Akteurin und Lippische Landesmutter. Oppenheim: Nünnerich-Asmus
Klewning, H. (1930): Fürstin Pauline zur Lippe, 1769–1820. Detmold: Verlag der Meyerschen Hofbuchhandlung
Meier, B. (2002): Fürstin-Pauline-Stiftung, Von der ältesten Kinderbewahranstalt zum modernen Diakonieunternehmen. Beiträge zur Geschichte der Diakonie in Lippe. Bd. 5. Detmold 2002
Prieur, J. (2003): Frauenzimmer Regentin Reformerin. Fürstin Pauline zur Lippe 1802–1820, Detmold
Treitschke, H., v., zit. n. Kittel, E. (1970) in Lippische Landesbibliothek unter: http://www.llb-detmold.de/wir-ueber-uns/aus-unserer-arbeit/texte/1970-1/1970-1-3.html (31.01.2022)
Bild: Porträt von Johann Christoph Rincklake (1801), K0033/2004 Lippisches Landesmuseum Detmold

Quellen zu Julius Wilhelm Ruer

Hochsauerlandkreis, Der Oberkreisdirektor (1994): Jüdisches Leben im Hochsauerland. Fredeburg: Grobbel 1994
Kummer, S., LWL-Einrichtung Marsberg (2014): Chronik – 200 Jahre Psychiatrie Marsberg. In: https://www.lwl.org/psychiatrie-marsberg-download/PDF/Chronik_200%20Jahre%20Marsberg.pdf (31.01.2022)
LWL 2021a: https://www.lwl-klinik-marsberg.de/de/klinik_info/chronik/ (31.01.2022)
LWL 2021b: Der Landschaftsverband Westfalen-Lippe. LWL vor Ort. Hochsauerlandkreis. In: https://www.lwl.org/002-download/LWL_vor_Ort/2021/LWL_vor_Ort_Kreis_Hochsauerland_2021.pdf (31.01.2022)
LWL 2021e: https://www2.lwl.org/de/LWL/portal/der-lwl-im-ueberblick/der-lwl-zahlen/ (31.01.2022)
LWL 2021f: https://www.lwl-klinik-paderborn.de/de/fuer-patienten-angehoerige/die-klinik (31.01.2022)
LWL (2005): Lebensunwert. Paul Brune. NS-Psychiatrie und ihre Folgen. DVD mit Begleitheft. Online unter: https://docplayer.org/41940386-Westfaelisches-landesmedienzentrum-paul-brune-ns-psychiatrie-und-ihre-folgen-begleitheft-zur-dvd.html (31.01.2022)
Mertin, S./Fahle, H. (2006): 125 Jahre St. Johannes-Stift 1881–2006. Westfälische Kinder- und Jugendklinik und Westfälischer Wohnverbund Marsberg im LWL-PsychiatrieVerbund.

Marsberg. In: https://www.lwl.org/psychiatrie-marsberg-download/PDF/Chronik.pdf (31.01.2022)

Richter, E. (1996): Die Ruers. Eine alte jüdische Arztfamilie aus Meschede. In: Jahrbuch Hochsauerlandkreis. Landratsamt Hochsauerlandkreis: Meschede

Seibertz, J.S. (1823): Westfälische Beiträge zur Deutschen Geschichte. Bd. 2 Darmstadt: Georg Friedrich Tasché Verlag. Online unter: https://www.digitale-sammlungen.de/en/view/bsb10021402?page=8,9 (31.01.2022; S. 178–181)

Vanja, C.: Das Landeshospital Marsberg – die erste psychiatrische Einrichtung in Westfalen. In: https://www.lwl.org/westfaelische-geschichte/txt/wz-9019.pdf (31.01.2022)

Vierhaus, R. (2007): Deutsche biographische Enzyklopädie. 2. Aufl. Bd. 8. München: K.G. Suer

Bild: Kummer, S./LWL Einrichtungen Marsberg (2014): Chronik. 200 Jahre Psychiatrie Marsberg. Marsberg: Eigendruck, S. 11

Quellen zu Konrad Beckhaus

Alicke, K.-D. (2017): Aus der Geschichte der jüdischen Gemeinden im deutschen Sprachraum. Paderborn (Nordrhein-Westfalen). Online unter: https://www.jüdische-gemeinden.de/index.php/gemeinden/p-r/1552-paderborn-nordrhein-westfalen (21.08.2024)

Beckhaus, K. (1889): Geographische Übersicht der Flora Westfalens. In: Jahresbericht des Westfälischen Provinzialvereins für Wissenschaft und Kunst. 17. Bd. S. 120–130

Dronsz, G./Leutzsch, M./Schroeter-Wittke, H. (2008): Evangelisches Paderborn. Protestantische Gemeindegründungen an Pader und Weser. Beiträge zur Westfälischen Kirchengeschichte, Band 34, Bielefeld: Luther-Verlag.

Evangelisches St. Petri-Stift e.V. (2021): Geschichte. In: https://evangelisches-st-petri-stift-hoexter.de/willkommen/geschichte.html

Hannasky, H.-P./St. Petri Stift (o.J.): Zur Frühgeschichte und zum Begriff des evangelischen St. Petri-Stifts in Höxter. Online unter: https://www.hvv-hoexter.de/wp-content/uploads/2010/07/Zur-Fr%c3%bchgeschichte-und-zum-Begriff-des-ev.-St.-Petri-Stiftes-in-H%c3%b6xter.pdf (27.01.22)

Janus, R./Dronsz, G. (Hg.) (2017): „Als lebendige Steine lasst euch aufbauen zu einem geistlichen Haus". 175 Jahre Evangelischer Kirchenkreis Paderborn. Paderborn: Bonifatius GmbH Druck.

Johannsen, U. (2013): „uns segne Kanzel und Altar" – Geschichte der evangelischen Gemeinde in der Stadt Paderborn. Paderborn: Eigendruck Kuratorium des St. Johannisstiftes Paderborn (1988): Evangelische Diakonie in der Diaspora. 125 Jahre St. Johannisstift. Paderborn, Bielefeld – Brackwede: Küster-Pressedruck.

Kuratorium des St. Johannisstiftes Paderborn (1963): St. Johannisstift Paderborn. Evangelisches Krankenhaus, Altersheim, Mütter- und Kinderheim. Festschrift zum 100-jährigen Jubiläum am 15. Februar 1963. Paderborn: Bonifatius GmbH Druck.

Kirchenkreis Paderborn (2021): https://www.kirchenkreis-paderborn.de/superintendenten-und-superintendentin-des-evangelischen-kirchenkreises-paderborn/ (13.01.2022)

Kreismuseum Wewelsburg (2017): 9. Wissenschaftliches Symposium „Ein unbekanntes Zeitalter – Das Paderborner Land im 19. Jahrhundert". In: https://www.wewelsburg.de/de/kreismuseum-wewelsburg/forschung/aeltere-vortraege/2017-09-16.php (13.01.2022)

Preywisch, K. (2005): Konrad Beckhaus – der Botaniker Westfalens. Memento. In: https://web.archive.org/web/20050916165040 / http://www.hvv-hoexter.de/seite34.htm (11.02.2022)

Bild: Evangelischer Kirchenkreis Paderborn

Quellen zu Fanny Nathan

Arbeitskreis Jüdische Wohlfahrt (o. J.): Schlagwort-Archive: Fanny Nathan. Online unter: https://akjw.hypotheses.org/tag/fanny-nathan (02.02.2022)

Friedrich-Spee-Gesamtschule Paderborn (2015): Lebensgeschichten ausgesuchter Kinder des ehemaligen jüdischen Waisenhauses in Paderborn. Paderborn: Eigendruck

Naarmann, M. (2003): Fanny Nathan 1803–1877. Gründerin des jüdischen Waisenhauses in Paderborn In: https://www.lwl.org/westfaelische-geschichte/portal/Internet/finde/langDatensatz.php?urlID=661&url_tabelle=tab_person (31.01.2022)

Naarmann, M. (1988): Die Paderborner Juden 1802–1945. Emanzipation, Integration und Vernichtung. In: Paderborner historische Forschungen Nr. 111/1988. Paderborn: Verein für Geschichte an der Universität Paderborn

Stadt Paderborn (2011): Paderborn im Spiegel der Zeit. Paderborn: Eigendruck

Bild: Jüdische Kultusgemeinde Paderborn

Quellen zu Friedrich von Bodelschwingh

Benad, M./Schmuhl, H.-W./Stockhecke, K. (2009): Endstation Freistatt. Fürsorgeerziehung in den v. Bodelschwinghschen Anstalten Bethel bis in die 1970er Jahre. Gütersloh: Verein f. Regionalgeschichte

Bethel (2017): Seit 1867… Geschichte der v. Bodelschwinghschen Stiftungen Bethel. Online unter: https://www.bethel.de/fileadmin/user_upload/Bethel/Website/Ueber_Bethel/Geschichte/Seit1867.pdf (11.02.2022)

Grohall, K.-H. (1998): Bodelschwingh, Friedrich Christian Carl, von. Gründer der Bethelschen Anstalten, „Vater der Armen“. In: Maier, H. (Hrsg.): Who is who der Sozialen Arbeit. Freiburg i. Brsg: Lambertus-Verlag. S. 93–95

Schenk, B.-M. (2018): Eine Geschichte der Obdachlosigkeit im 19. und 20. Jahrhundert. In: bpb – Bundeszentrale für politische Bildung. Online unter: https://www.bpb.de/apuz/270884/eine-geschichte-der-obdachlosigkeit-im-19-und-20-jahrhundert (20.12.2021)

Bild: Hauptarchiv der v. Bodelschwinghschen Stiftungen Bethel, HAB F 1d

Quellen zu Christian Bartels

Brandt, H. J. (1993). Der Caritasverband für das Erzbistum Paderborn. Paderborn: Schöningh Verlag

Breul, T. (2015): Pionier der modernen Heimerziehung. Christian Bartels, der „westfälische Don Bosco“, Pädagoge und Organisator. In: Diözesan-Caritasverband Paderborn e. V. (Hrsg.): 100 Jahre 100 Orte. Paderborn

Diözesan-Caritasverband Paderborn e. V. (2015): 100 Jahre 100 Orte der Caritas im Erzbistum Paderborn. Paderborn: Eigendruck. Online unter: file:///C:/Users/m.boewer/Downloads/dicv-pb-buch-100jahre-100orte-ef-web%20(2).pdf (17.01.2022)

Egidius, T. (2002); „... und wieder aufgerichtet werden“: 20 Jahre Prälat-Braekling-Haus. 90 Jahre SKM. Paderborn: Bonifatius

Liese, W. (1995): Domherr Christian Bartels – ein großer Jugendfreund. Manuskript bearbeitet von H. J. Brandt. In: Hengst, K./Brandt, H. J./Böhm, I. (Hrsg.): Geliebte Kirche Gelebte Caritas. Agnes Neuhaus, Christian Bartels, Elisabeth Gnauck-Kühne, Wilhelm Liese. Festgabe für Dr. theol. Heinrich Nordhues. Paderborn. Ferdinand Schöningh Verlag S. 53-120 (online verfügbar unter: https://opacplus.bsb-muenchen.de/Vta2/bsb00044105/bsb:BV010194425 (21.01.2022)

Sauer, J./Diözesan-Caritasverband Paderborn e. V. (2022): 100 Jahre DiCV. Geschichtlicher Überblick. Es begann mit einem leeren Büro. In: https://www.caritas-paderborn.de/ueber-uns/caritas-geschichte/caritas-geschichte/ (17.01.2022)

SKM – Katholischer Verein für soziale Dienste in Paderborn e. V. (2021): Die Geschichte des SKM Paderborn. In: https://www.skm-paderborn.de/12802-%DCber-uns/12806-Geschichte.html (17.01.2022)

Bild: Caritasverband für das Erzbistum Paderborn e. V.

Quellen zu Agnes Neuhaus

Breuer, G. (1998): Frauenbewegung im Katholizismus: der Katholische Frauenbund 1903–1918. Frankfurt/New York.

Gehltomholt, E./Hering, S. (2006): „Das verwahrloste Mädchen“ Diagnostik und Fürsorge zwischen Kriegsende und Reform (1945–1965). Opladen: Barbara Budrich Verlag

Maier, H. (1998): Neuhaus, Agnes, in: Drs. (Hrsg.): Who is who der Sozialen Arbeit. Freiburg im Breisgau: Lambertus-Verlag. S. 428–431

Maier, H./Winkelhausen, I. H. (2000): Agnes Neuhaus. Schriften und Reden Würzburg: Echter Verlag

Neuhaus, A. (1969/1925): Aus der Geschichte des Kath. Fürsorgevereins für Mädchen, Frauen und Kinder. Nachdruck der Erstveröffentlichung. Dortmund.

Pankoke-Schenk, M. (1980): Agnes Neuhaus (1854–1944). In: Aretz, Jürgen/Morsey, Rudolf/Rauscher, Anton (1980): Zeitgeschichte in Lebensbildern. S.133–142. Münster: Aschendorff

Willing, M. (2003): Das Bewahrungsgesetz (1918–1967): eine rechtshistorische Studie zur Geschichte der deutschen Fürsorge. Tübingen: Mohr Siebeck Verlag

Sozialdienst katholischer Frauen – SkF Gesamtverein (2020b): SkF Geschichte. In: https://www.skf-zentrale.de/der-skf/skf-geschichte/skf-geschichte (31.01.2022).

Sozialdienst katholischer Frauen Hamburg (2016): Agnes Neuhaus, Gründerin des Katholischen Fürsorgevereins. Ein Leben für Mädchen, Frauen und Kinder. In: https://www.skf-hamburg.de/geschichte.html (31.01.2022)

Zentrale des kath. Fürsorgevereins für Mädchen, Frauen und Kinder (1958): Korrespondenzblatt Nr. 5/6 v. Mai/Juni 1958. 28. Jg. Dortmund: Eigendruck

Bild: Sozialdienst katholischer Frauen (SkF) Gesamtverein e. V.

Quellen zu Heinrich Sommer

JG (2018): Ein Mann mit Visionen – und ein Mann der Tat. Pressemitteilung v. 18.04.2018. In: https://jg-gruppe.de/josefs-gesellschaft/presse/pressemitteilung-detailansicht/news/ein-mann-mit-visionen-und-ein-mann-der-tat/ (18.01.2022)

Josefs-Gesellschaft (2001): Zwischen Fürsorge und NS-Ideologie. Einrichtungen der Josefs-Gesellschaft in der Zeit der Euthanasie. Münster: Dialogverlag

Wollasch, A./Hinse, W. (2004): Geschichte und Geschichten der Josefs-Gesellschaft. Münster: Dialogverlag
Bild: Sozialdienst katholischer Frauen (SkF) Gesamtverein e.V.

Quellen zu Alois Vogels und Viktor Freiherr von Solemacher-Antweiler

Der Minister der geistlichen, Unterrichts- und Medizinal-Angelegenheiten, Der Minister für Handel und Gewerbe, Der Minister des Innern (1901): Erlaß vom 24. November 1901. Betrifft Sammlungen und Veranstaltungen der schulentlassenen gewerblichen Jugend. Veröffentl. In: Ministerialblatt für Handels- und Gewerbeverwaltung in Preußen. Hrsg. v. königlichen Ministerium für Handel und Gewerbe 1901, S. 352, abgedruckt in Naudascher (1990, S. 29ff.)

Der Minister der geistlichen, Unterrichts- und Medizinal-Angelegenheiten (1911): Erlaß betreffend Jugendpflege v. 18.01.1911. Veröffentlicht in: Zentralblatt für die gesamte Unterrichtsverwaltung in Preußen 1911, S. 276, abgedruckt in Naudascher (1990, S. 32 f.)

Grabe, W. (2020): „Die Gegensätze müssen ausgeglichen werden, mehr als bisher"– Dr. Alois Vogels (1887–1964). In: Westfälische Zeitschrift. 170. Jg. Paderborn: Bonifatius. S. 299–332.

Hüser, Karl (1982): Wewelsburg 1933–1945. Kult- und Terrorstätte der SS. Paderborn: Bonifatius

Königes, J./Moors, M./Schäferjohann-Bursian, I. (1995): Endlich Frieden?! Das Ende des Zweiten Weltkrieges im Paderborner Land. Begleitheft zur historischen Sonderausstellung im Kreismuseum Wewelsburg. Kreismuseum Wewelsburg: Eigendruck

Lilla, J. (2004): Leitende Verwaltungsbeamte und Funktionsträger in Westfalen und Lippe (1918–1945/46). Biographisches Handbuch. Münster: Aschendorff, S. 141 u. 281. Link: https://www.lwl.org/westfaelische-geschichte/portal/Internet/finde/langDatensatz.php?urlID=1191&url_tabelle=tab_literatur (19.11.2021)

Naudascher, B. (1990): Freizeit in öffentlicher Hand. Behördliche Jugendpflege in Deutschland von 1900–1980. Düsseldorf: Bröchler. Online unter: https://www.pedocs.de/volltexte/2012/5570/pdf/Naudascher_1990_Freizeit_in_oeffentlicher_Hand_D_A.pdf (02.02.2022)

Romeyk, H. (1987): Alois Vogels (1887–1964), in: Geschichte im Westen 2/1987, S. 179–190. Gelsenkirchen: Brauweiler Kreis Eigenverlag

Vogels, A. (1925): Der Kreis Büren in den Jahren 1921–1924. In: Heimatbuch des Kreises Büren. Hrsg. v. Kreisverwaltung Büren, Schriftleitung Landrat Dr. Vogels. Büren: Verl. P.R. Esser. S. 68–72. Kreis- u. Stadtarchiv Paderborn Sig. 1017

Vogels-Vondersieg (alias: Vogels), A. (1950): Stilles Land am Strom. Wanderskizzen vom Niederrhein. 2. erw. Auflage. Essen

Vogels, A., zit. n. Protokoll. v. 29.06.1949 zit. mit weiteren Verweisen n. Grabe 2020, S. 328

Vogels, A. (1950): Die Verfassung für das Land Nordrhein-Westfalen. Textausgabe mit Erläuterungen und einer eingehenden systematischen Einführung. Stuttgart und Köln: W. Kohlhammer Verlag

Bilder: Stadt- und Kreisarchiv Paderborn, Fotosammlung

Quellen zu Konrad Hansknecht

Guido Fluri Stiftung (2021): Kinderheime in der Schweiz. Historische Aufarbeitung. In: https://www.kinder-heime-schweiz.ch/de (12.11.2021)

Hansknecht, K. (1929): Die Wahrheit über das Erziehungsheim Klausheide bei Paderborn. Hgg. v. Katholisches Erziehungsheim Klausheide. Zit. n. Kuhlmann (1989), S. 31

Kanisiuswerk und Marienheim (1941): Volkskalender für Freiburg und Wallis. 32. Jahrgang. Online verfügbar unter: https://doc.rero.ch/record/136830/files/1941.pdf (12.11.2021)

Liese, W. (1995): Domherr Christian Bartels – ein großer Jugendfreund. Manuskript bearbeitet von H.J. Brandt. In: Hengst, K./Brandt, H.J./Böhm, I. (Hrsg.): Geliebte Kirche Gelebte Caritas. Agnes Neuhaus, Christian Bartels, Elisabeth Gnauck-Kühne, Wilhelm Liese. Festgabe für Dr. theol. Heinrich Nordhues. Paderborn: Ferdinand Schönigh Verlag. S. 53–120 (online verfügbar unter: https://opacplus.bsb-muenchen.de/Vta2/bsb00044105/bsb:BV010194425 (21.1.2022)

Schier, N. (1977): Heimerziehung im Raum der Reformpädagogik. Steinfeld: Salvator-Verlag.

Tillmann, C./Kistenich-Zerfaß, J./Overmann, M. (2019): Gestapo-Klostersturm in Germete und Sennelager 1939/1940. Texte zur Auflösung des Mutterhauses der Schwestern von Germete und des Hauses Heilandsfrieden der Salvatorianer. Edition leute-kirche Sauerland. Bd. 16. Norderstedt: BoD

Volkswacht v. 23.10.1930 zit. n. Kuhlmann (1989), S. 33

Westfälisches Volksblatt v. 08.11.1926: Kommunistische Angriffe auf katholische Fürsorgeerziehungsanstalten, zit. n. Kuhlmann (1989), S. 31

Westfälisches Volksblatt v. 31.10.1930: „Zöglingshölle Klausheide". Abgedruckt in: Kuhlmann (1989), S. 34

Bild: Salvator-Kolleg

Quellen zu Elisabeth und Anna Zillken

Anna-Zillken-Berufskolleg (2021): Historie einer Schule. In: http://www.anna-zillken-berufskolleg.de/download_dokumente/Historie.pdf (31.1.2022)

Katholische Hochschule Nordrhein-Westfalen, Abteilung Münster (2017): Von der Schule zur Hochschule. 100 Jahre Qualifizierung für soziale Berufe in Münster 1917-2017. Münster: Eigendruck

Neuhaus, A./Zillken, E. (1926): Entwicklungsschwierigkeiten der Zusammenarbeit gezeigt an Erfahrungen des katholischen Fürsorgevereins für Mädchen, Frauen und Kinder. In: Deutsches Archiv für Jugendwohlfahrt (Hrsg.): Die Zusammenarbeit der öffentlichen und der freien Jugendhilfe in den Jugendämtern. Berlin: F.A. Herbig Verlagsbuchhandlung, S. 55–58

Olschewski, U. (2010): Elisabeth Zillken. 1888–1980. Sozialpolitikerin vom Kaiserreich bis zur Bundesrepublik. In: https://www.frauenruhr-geschichte.de/biografien/elisabeth-zillken-1888-1980/ (31.01.2022)

Reinicke, P. (2012): Die Ausbildungsstätten der sozialen Arbeit in Deutschland 1899–1945. Berlin: Deutscher Verein für öffentliche und private Fürsorge

SkF Zentrale Dortmund (1981): Mein Leben – meine Arbeit. Elisabeth Zillken 1888–1980: Dortmund: Eigendruck

SkF (2002): Voneinander lernen. 100 Jahre Anna-Zillken-Schule Dortmund. 1902-2002. Online abrufbar unter: https://www.yumpu.com/de/document/read/6224015/rz-festschrift-anna-zillken-berufskolleg (31.01.2022).

Stadt Dortmund, Frauenbüro (o.J.): Durch Raum und Zeit. Dortmunder Frauen Straßen Namen. In: https://www.dortmund.de/media/p/frauen-buero/downloads_frauenbuero/broschuere_durch_raum_und_zeit.pdf (31.1.2022)

Winkelhausen, I. H. (1998): Anna Zillken. In: Maier, H. (Hrsg.): Who is who der Sozialen Arbeit. Freiburg i. Brsg.: Lambertus. S. 659–660

Winkelhausen, I. H. (1998): Elisabeth Zillken. In: Maier, H. (Hrsg.): Who is who der Sozialen Arbeit. Freiburg i. Brsg.: Lambertus. S. 660–661

Zillken, A. (1926): Der christliche Staatsgedanke in seinem ideellen Gehalt und in seiner historischen Abwandlung. Saarlouis: Hausen Verlagsgesellschaft

Zillken, A./Weingarten, G. (1953): Gibt es unerziehbare Minderjährige? Untersuchung über Lebensschicksale schulentlassener Mädchen. In: AFET-Schriftenreihe. H. 5/1953

Zillken, E. (1927): an weiblichen Jugendlichen. Unter Berücksichtigung der Einrichtungen, Probleme und Vorschläge des katholischen Fürsorgevereins für Mädchen, Frauen und Kinder. In: Deutsches Archiv für Jugendwohlfahrt (Hrsg.): Ausbildung und Fortbildung der beruflich tätigen Kräfte in der Jugendwohlfahrtspflege. Berlin: F.A. Herbig Verlagsbuchhandlung. S. 72–77

Zillken, E. (1929): Berufsideal und Berufsschwierigkeiten der Wohlfahrtspflegerin. In: Veröffentlichungen des Vereins kath. Sozialbeamtinnen. Köln: M. Scharmitzel Druck, S. 39–77

Zillken, E. (1949/1950): Das lebendige Jugendamt. In: Soziale Welt. H. 4, S. 33–43

Zillken, E. (1952): Entwicklung, Probleme u. Ziel der Zusammenarbeit mit den Behörden. In: Mitteilungen für die kath. Fürsorge. S. 207–222

Zillken, E. (1957): Jetzt haben wir den sozialen Rechtsstaat. In: Zentralvorstand des Deutschen Caritasverbandes (Hrsg.): An der Aufgabe gewachsen. Vom Wirken des Deutschen Caritasverbandes aus Anlass seines sechzigjährigen Bestehens. 1897–1957. Freiburg i. Brsg: Lambertus-Verlag. S. 283–284

Zillken, E. (1964): Zur Reform des Rechtes des unehelichen Kindes. In: Jugendwohl. 45. Jg., H. 11, S. 388–397

Bilder: Sozialdienst katholischer Frauen (SkF) Gesamtverein e. V.

Quellen zu Otto Plassmann

Bergmann, H. (1981): Geschichtliche Entwicklung des Jugendamtes der Stadt Paderborn. Maschinenschriftlicher Vermerk v. 12.03.1981. Unv. Ts. Paderborn (Kreis- und Stadtarchiv Paderborn, Sig. S – S2/1788)

Drüke, J. (ca. 1955): Das Armen- und Fürsorgewesen der Stadt Paderborn. Die Armenhäuser, das Altersheim Westphalenhof. Unv. Ts. Paderborn (Stadt- und Kreisarchiv Paderborn, Sign. S – S 2/72)

Magistrat zu Paderborn (1918): Verwaltungsbericht 1918. Kreis- und Stadtarchiv Paderborn, Az. A189

Neue Westfälische Zeitung (2013): Kreis Herford. Die steile Karriere des Rudolf Kosiek. Kreisbeamter, NSDAP-Gründer, FDP-Funktionär. In: https://www.nw.de/lokal/kreis_herford/herford/7785579_Die-steile-Karriere-des-Rudolf-Kosiek.html (31.01.2022)

Stadt Paderborn: Personalakte Josef Drüke I+II (Kreis- und Stadtarchiv Paderborn, Sign. S – J 1635).

Stambolis, B. (2018): 100 Jahre Stadtjugendamt Paderborn. Vortrag im Historischen Rathaus zu Paderborn v. 31.10.2018 (unv. Manuskript)

Stelbrink, W. (2003): Die Kreisleiter der NSDAP in Westfalen und Lippe. Münster. Online unter: https://www.archive.nrw.de/sites/default/files/media/files/die%20kreisleiter%20der%20nsdap.pdf (31.01.2022)

Zacharias, K. (2012): Andreas de Voys. In: Westfälische Biographien. Hrsg. von Altertumsverein Paderborn und Verein für Geschichte Paderborn. Online-Ausgabe unter http://www.westfälische-biographien.de/biographien/person/588 (31.01.2022)

Bild: Stadt- und Kreisarchiv Paderborn, Fotosammlung

Quellen zu Siegfried Pickert

Denger, J. (o. J.): Siegfried Pickert. Biographien Dokumentation. Online unter: http://biographien.kulturimpuls.org/detail.php?&id=525 (11.05.2021).

Goetheanum (o. J.): Geschichte. Online unter: https://goetheanum.co/de/gesellschaft/geschichte (25.05.2021)

Heisterkamp, J. (o. J.): Schatten der Vergangenheit. In: http://www.akdh.ch/ps/ps_44Heisterkamp.html (31.05.2021)

Pache, W. (1981): Erziehung und Unterricht seelenpflege-bedürftiger Kinder. In: Maikowski, R./Pache, W./Bort, J./Holtzapfel, W./Löffler, F./Kirchner, H./Pracht, E. (Hrsg.): Heilende Erziehung. Vom Wesen seelenpflege-bedürftiger Kinder und deren heilpädagogischer Förderung. Stuttgart: Verlag Freies Geistesleben. S. 25–125

Pickert, S. (1950/2001): Von Rudolf Steiners Wirken bei der Begründung der heilpädagogischen Arbeit. In: Beltle, E./Vierl, K. (Hrsg.): Erinnerungen an Rudolf Steiner. Stuttgart: Verlag Freies Geistesleben. S. 447–453

Pickert, S. (1991): Die Anfänge der anthroposophischen Heilpädagogik. Sonderheft 4. Dornach: Verlag am Goetheanum

Richter, S./Kretschmer, M. (2021): Adolf Ammerschläger. Online unter: https://www.gedenkplaetze.info/biografien/adolf-ammerschlaeger (11.2.2022).

Schloss Hamborn (o. J.): Historie. Online unter: https://www.schlosshamborn.de/der-ort/schloss-hamborn-rudolf-steiner-werkgemeinschaft-e-v (17.01.2022).

Selg, P. (2004): Der Engel über Lauenstein: Siegfried Pickert, Ita Wegman und die Heilpädagogik, Dornach: Verlag am Goetheanum

Stiftung Lauenstein (o. J.): Die heilpädagogisch-sozialtherapeutische Bewegung [online] URL: https://www.stiftung-lauenstein.de/stifterin.aspx (02.02.2022).

Van der Locht, V. (2019): Waldorfschulen in Nordrhein-Westfalen: Aufbrüche, Verbote, Neugründungen 1922–1979. Münster: Lit. Van der Locht, V. (2009): Die Anfänge anthroposophischer Heilpädagogik im Kontext der Jugendbewegung. In: Helsper, W./ Hillbrandt, C./Schwarz, T. (Hrsg.): Schule und Bildung im Wandel. Wiesbaden: VS Verlag. S. 73–92

Verlag Ch. Möllmann (o. J.): Chronik von Hamborn – 1931 bis heute. In: http://www.chmoellmann.de/der_Verlag/Die_Chronik_von_Hamborn/Chronik_von_Hamborn_-_1931_bis/chronik_von_hamborn_-_1931_bis.html (02.02.2022)

Bild: mit freundlicher Genehmigung Verlag Ch. Möllmann

Quellen zu Elisabeth Feith

Caritasverband Paderborn e.V. (2012): 75 Jahre Suchtkrankenhilfe Paderborn. Von der Fürsorgestelle zur modernen Suchtkrankenhilfe. Paderborn: Eigendruck

Pelke, Sibilla (1998): Paderborner Profile. Schloss Hamborn: Chr. Möllmann

Bild: mit freundlicher Genehmigung Verlag Ch. Möllmann

Quellen zu Ellen Scheuner

Dröge, M. (2015): Männlichkeit und „Volksgemeinschaft". Der westfälische Landeshauptmann Karl Friedrich Kolbow (1899–1945). Paderborn: Verlag Ferdinand Schöningh

Fröhlich, M. (2012): Quellen zur Geschichte der Heimerziehung in Westfalen 1945–1980. Forschungen zur Regionalgeschichte. Hgg. v. Landschaftsverband Westfalen-Lippe. Bd. 66. Paderborn: Ferdinand Schöningh

Hartmann, R. (1949): Bericht v. 09.08.1949, zit. n. Köster 1999, S. 92

Köster, M. (1999): Profile regionaler Jugendhilfe – Die leitenden Beamten des Landesjugendamtes. In: Köster, M./Küster, T. (Hrsg.): Zwischen Disziplinierung und Integration. Das Landesjugendamt als Träger öffentlicher Jugendhilfe in Westfalen und Lippe (1924-1999). Forschungen zur Regionalgeschichte. Bd. 31. Hgg. v. Westfälischen Institut für Regionalgeschichte Landschaftsverband Westfalen-Lippe. Paderborn: Ferdinand Schöningh

Köster, M. (1999): Jugend, Wohlfahrtsstaat und Gesellschaft im Wandel. Westfalen zwischen Kaiserreich und Bundesrepublik. Forschungen zur Regionalgeschichte. Bd. 30. Hgg. v. Westfälischen Institut für Regionalgeschichte Landschaftsverband Westfalen-Lippe Paderborn: Ferdinand Schöningh

Köster, M./Küster, T. (1999): Zwischen Disziplinierung und Integration. Das Landesjugendamt als Träger öffentlicher Jugendhilfe in Westfalen und Lippe (1924–1999), Forschungen zur Regionalgeschichte Bd. 31, Paderborn, S. 90–99

Kolbow, K.-F. (1942a): Vermerk „betr. Landesrat Bubenzer" vom 10.10.1942. Archiv-Nr. ALWL, Nk. 2, zit. n. Köster 1999, S. 88

Kolbow, K.-F. (1942b): Vermerk „betr. Scheuner" v. 03.07.1942, Archiv-Nr. ALWL, Nk. 2, zit. n. Köster 1999, S. 92

Kuhlmann, C. (1989): Erbkrank oder erziehbar? Jugendhilfe zwischen Zuwendung und Vernichtung in der Fürsorgeerziehung in Westfalen 1933–1945. Weinheim u. München: Juventa Verlag

Kuhlmann, C. (1998): Scheuner, Ellen. In: Maier, H. (Hrsg.): Who is who der Sozialen Arbeit. Freiburg i. Brsg.: Lambertus. S. 516

Schäfer, K. (2014): 90 Jahre Landesjugendämter im Rheinland und Westfalen-Lippe Weggefährten im Bemühen um das professionelle Profil der Kinder- und Jugendhilfe. Festrede zum 90-jährigen Bestehen der Landesjugendämter Rheinland und Westfalen-Lippe auf der gemeinsamen Arbeitstagung für Leitungen der Jugendämter in Nordrhein-Westfalen. Online unter: https://dom.lvr.de/lvis/lvr_recherchewww.nsf/3FBE7E7074419E19C1257D65002BB3C7/$file/festrede-schaefer-90-jahre-landesjugendaemter.pdf (18.01.2022)

Scheuner, E. (1930): Die Gefährdetenfürsorge. Berlin: Carl Heymanns Verlag

Scheuner, E. (1933): Das Schwererziehbaren-Problem bei weiblichen Fürsorgezöglingen. Vortrag, gehalten auf einer Fachausschusssitzung des AFET für weibliche Fürsorgeerziehung am 09.12.32 in Berlin. In: Evangelische Jugendhilfe, 9. (53.) Jg., S. 25 ff.

Scheuner, E. (1940): Die Erziehungsabteilung beim Landeswerkhaus in Moringen. In: Nachrichtendienst des Deutschen Vereins für öffentliche und private Fürsorge. Mai 1940, S. 84 ff

Scheuner, E. (1962): Was soll aus der öffentlichen Erziehung werden? Vortrag auf dem Allgemeinen Fürsorgeerziehungstag in Konstanz. In: Ev. Perthes-Werk (1986): „Ein Leben für andere". In Memoriam Frau Dr. Ellen Scheuner, Landesrat a. D., 18. Apr. 1901 – 1. Apr. 1986. Münster: Eigendruck, S. 35–44.

Weisser, A. (2007): Geschichte des Provinzialverbandes Westfalen und des Landschaftsverbandes Westfalen-Lippe (LWL). Online unter: http://www.westfaelische-geschichte.de/web776 (10.02.2022)

Willing, M. (2003): Das Bewahrungsgesetz (1918—1967). Eine rechtshistorische Studie zur Geschichte der deutschen Fürsorge. Beiträge zur Rechtsgeschichte des 20. Jahrhunderts. Bd. 42. Tübingen: Mohr Siebeck. S. 219

Bild: © LWL-Medienzentrum für Westfalen

Quellen zu Elfriede Eilers

Atelier Rainer Hagl, „Der Seher". http://www.atelier-rainer-hagl.de/seiten/skulptur-im-raum.html (02.02.2022)

AWO (2016): Trauerfeier zu Ehren von Elfriede Eilers am Montag, dem 13. Juni 2016, in Bielefeld. Rede von Pit Clausen, Oberbürgermeister der Stadt Bielefeld. AWO. In: https://www.arbeiterwohlfahrt.org/sites/default/files/2016-12/E.Eilers-Nachruf-Trauerrede-P.Clausen-13.06.2016_02.pdf (02.02.2022)

AWO (2020): AWO Historie. Eilers. In: https://www.awo.de/index.php/ueber-uns/awo-historie/personen/elfriede-eilers (02.02.2022)

AWO Ostwestfalen-Lippe (2000): Elfriede Eilers. In: https://www.youtube.com/watch?v=dXwlIlz5Bfc&t=1197s (02.02.2022)

Elfriede-Eilers-Stiftung (2022a): Die Stiftung. In: https://www.elfriede-eilers-stiftung.de/index.php/die-stiftung (02.02.2022).

Elfriede-Eilers-Stiftung (2022b): Ihre Unterstützung. In: https://www.elfriede-eilers-stiftung.de/index.php/ihre-unterstuetzung (02.02.2022).

Faerber-Husemann, R. (2016): Zum Tod von Elfriede Eilers: „Klagt nicht, organisiert euch." In: https://www.vorwaerts.de/artikel/tod-elfriede-eilers-klagt-organisiert-euch (02.02.2022).

Kanal-21.tv (2016): Elfriede Eilers Interview Teil 1. https://www.youtube.com/watch?v=MRDyCyOUfmA

Kanal-21.tv (2016): Elfriede Eilers Interview Teil 2. https://www.youtube.com/watch?v=MRDyCyOUfmA

Kanal-21.tv (2016): Elfriede Eilers Interview Teil 3. https://www.youtube.com/watch?v=eQCpvb-4uSA

Munzinger Archiv: Elfriede Eilers. In: https://www.munzinger.de/search/portrait/elfriede+eilers/0/13719.html (09.08.2020)

Notz, G. (2007): Mehr als bunte Tupfen im Bonner Männerclub. Sozialdemokratinnen im Deutschen Bundestag 1957–1969. Bonn: H. J. Dietz

Bild: Bernhard Pierel, Westfalen-Blatt

Quellen zu Reinhard Kersting und Pater Konrad Lienhard

KIM Soziale Arbeit e.V. (2021): Wir über uns. Unser Verein. Historie. In: https://kim-paderborn.de/uber-uns (02.02.2022)

Neue Westfälische (20.07.2010), online: https://www.nw.de/nachrichten/thema/3660461_Pater-gesteht-Sex-Spiele.html (02.02.2022)

Neue Westfälische Zeitung (29.06.2014): Macher mit Herz und Geschick. Reinhard Kersting verabschiedet sich nach mehr als 36 Jahren von KIM-Soziale Arbeit. In: https://www.nw.de/lokal/kreis_paderborn/paderborn/11166369_Macher-mit-Herz-und-Geschick.html?em_cnt_page=2 (02.02.2022)

Oblaten des hl. Franz von Sales, Salesianum Rosenthal (2017): Traueranzeige In: http://dsp-osfs.eu/aktuell/parte_konradlienhard.pdf (01.09.2021)

Bild: Reinhard Kersting

Quellen zu Karl-Heinz Koch

100 Jahre Verein für Jugendhilfe im Erzbistum Paderborn e.V. (1994): Wer wir sind und was wir tun. Rietberg: Eigendruck

Boys Town (2021): About. In: https://www.boystown.org/about/Pages/default.aspx (02.02.2022)

Jugendwerk Rietberg (2021): Historie. Online unter: https://www.jugendwerk-rietberg.de/index.php?id=5. (02.02.2022)

Koch, Karl-Heinz (2009): Kinder des Schattens. Olsberg.

Nebraska Public Media Foundation (2021): Father Edward J. Flanagan. In: https://www.nebraskastudies.org/en/1900-1924/father-edward-j-flanagan-founder-of-boys-town-in-1917/ (02.02.2022)

Bild: Bildrecht bereitgestellt durch Jugendwerk Rietberg

Quellen zu Margareta Breuer

Breuer, M. (1980): Folgerungen für den Beruf des Sozialarbeiters. In: Bock, T./Lowy, L/Pankoke, M. (Hrsg.): Kooperation freitätiger und beruflicher Mitarbeiter in Sozialen Diensten. Freiburg i. Brsg.: Lambertus-Verlag

Breuer, M./Bock, T./Lukoschek, E. (1994): Sozialarbeit mit ausländischen Familien. Freiburg i. Brsg.: Lambertus-Verlag

Breuer, M. (2015): „Unveröffentlichte Rezension. The Live and Tought of Louis Lowy". In: http://www.iaswg.de/unveroeffentlichte-rezension/ (04.12.2021)

Greenhouse Gardella, L. (2011): The Live and Thought of Louis Lowy. Social Work through the Holocaust. New York: Syracuse University Press

Kersting, H.J.: Sozialarbeit/Sozialpädagogik als Wissenschaft im angloamerikanischen und deutschsprachigen Raum. Essay zum gleichnamigen Buch von L. Lowy. In: Archiv für Wissenschaft und Praxis der sozialen Arbeit. 1983, Heft 4, S. 245–251.

Lowy, L./Bock, T. (1974): Lehrplanentwicklung für Sozialarbeiter und Sozialpädagogen. Freiburg i. Brsg.: Lambertus-Verlag

Neue Westfälische Zeitung (11.11.2011): 40 Jahre Katholische Hochschule. Zeitreise mit Zeitzeugen anlässlich des Jubiläums. In: https://www.nw.de/lokal/kreis_paderborn/paderborn/5313229_40-Jahre-Katholische-Hochschule.html (04.12.2021)

Scherzinger, A. (1985): Louis Lowy. Ein Leben für eine Gesellschaft mit menschlichem Gesicht. In: Joachim Wieler, Susanne Zeller (Hrsg.): Emigrierte Sozialarbeit. Freiburg i. Brsg.: Lambertus-Verlag, S. 221–232

Wiens, L. (2021): Interview mit Professorin Margareta Breuer vom 25.05.2021, unv. Ms., Paderborn

Bild: Johannes Birtel

Quellen zu Edeltraut Lukoschek

Breuer, M./Bock, T./Lukoschek, E. (1994): Sozialarbeit mit ausländischen Familien. Freiburg i. Brsg.: Lambertus-Verlag

Katholische Hochschule NRW, Abteilung Paderborn (2018): Nachruf auf Professorin Dr. Edeltraud Lukoschek, digital nicht mehr zugänglich.

Lukoschek, E. (1977): Zaire, a study in ideology and social change. Univ. of California, Berkeley (digitalisiert dort am 19.03.2015, im Print zugänglich in der CAPA Library, Tervuren/Belgien).

Bild: katho (Dekanat Sozialwesen PB)

Quellen zu Johannes Tack

BAG RPK (14.09.2020): SPI Paderborn e. V. führt Online-Fachtagung erfolgreich durch. In: https://www.bagrpk.de/spi-paderborn-e-v-fuehrt-online-fachtagung-erfolgreich-durch/ (02.02.2022)

Brüderkrankenhaus Paderborn (06.09.2016): Gesundheitscampus am Brüderkrankenhaus wächst. In: https://www.bk-paderborn.de/bkp/aktuelles/meldungen/2016/Erweiterung_Gesundheitscampus.php (02.02.2022)

Hörning, M./Tack, J. (2021): MSBB: mind, soul & body in balance® – MSBB-Handbuch Präventionscoach. Ein achtsamkeitsbasiertes Stressbewältigungsprogramm. Köln: Balance buch + medien verlag

MSBB-Institut (2021): Wir stellen uns vor. In: https://www.msbb-institut.de/ (02.02.2022)

SPI (2016): 35 Jahre Rehabilitationshaus des SPI Paderborn e.V. – 35 Jahre Dienstjubiläum Johannes Tack, in: https://spi-paderborn.de/2017/12/11/35-jahre-rehabilitationshaus-des-spi-paderborn-e-v-35-jahre-dienstjubilaeum-johannes-tack/ (12.08.2020)

Westfalen-Blatt (09.01.2022): 40 Jahre SPI Paderborn – eine Erfolgsgeschichte im regionalen Sozial- und Gesundheitswesen. Aktiv für Menschen mit seelischen Problemen. In: https://www.westfalen-blatt.de/owl/aktiv-fur-menschen-mit-seelischen-problemen-2514388 (02.02.2022)

Bildnachweis: zur Verwendung freigegeben v. SPI Paderborn e.V.

Michael Böwer, Dr. phil., Dipl. Pädagoge, Dipl. Sozialarbeiter/Sozialpädagoge, geb. 1972 in Rinteln/Weser, ist Professor für Theorien und Methoden Sozialer Arbeit an der Hochschule Bremerhaven. Von März 2011 – Februar 2024 war er Professor für Theorien und Konzepte Sozialer Arbeit mit dem Schwerpunkt Kinder- und Jugendhilfe und erzieherische Hilfen an der Katholischen Hochschule Nordrhein-Westfalen, Abteilung Paderborn. Arbeits- und Forschungsschwerpunkte: Theorien, Geschichte und Methoden Sozialer Arbeit, Kinder- und Jugendhilfe, Kinderschutz, Organisation und Organisationen Sozialer Arbeit. Kontakt: mboewer@hs-bremerhaven.de